教育追梦人

我的40年

杭州市教育局 编

杨一青 ┆ 陈立群 ┆ 徐承楠

斯黎红 ┆ 蒋春英

孙祖瑛 ┆ 励发珍

张化万

秦　丽　夏茂忠　叶高炎

陈燕君　周建松　洪佳琳

高亚莲

田　娅 | 杨志芳

来芬琴 | 汪建红

张水珍 | 钱　锋

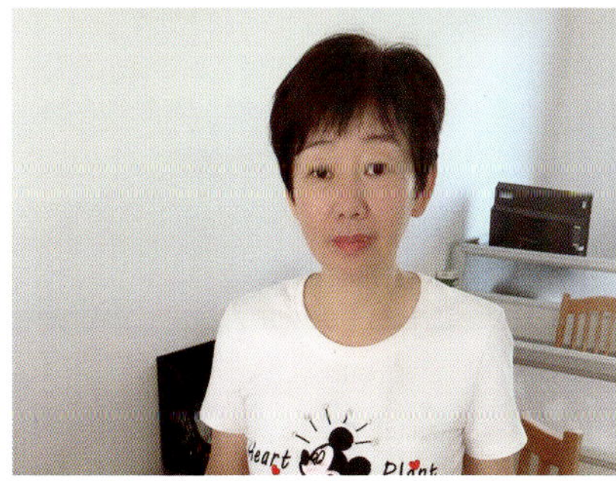

连　晓 | 吴江汉

余炳香 | 陈永祥

钱亚芳 | 戚柏荣

我的40年

序　言

继2017年的“为孩子幸福人生奠基”名师名校长系列访谈节目之后，2018年，杭州市教育局联合浙江电视台教育科技频道、人民网浙江频道，策划制作了“教育追梦人”第二季——“我的40年”系列访谈节目。

40年来，我国改革开放事业取得了巨大成就，杭州教育改革也在不断深化中谱写着新的篇章。杭州全面贯彻教育强市战略，率先实现国家义务教育发展基本均衡县（市、区）全覆盖，13个县（市、区）均进入省教育基本现代化县（市、区）行列，教育普及率、均衡化和优质水平大幅提升；教育创新精彩纷呈，随迁子女就学服务体系的构建、中小学“第二课堂”的探索、阳光招生机制的日益完善、名校集团化战略的深化推进、学校体育场地向社会开放机制的不断健全……很多都是在全国有示范和引领效应的创新举措，形成了独特的“杭州样本”。

近年来，杭州进一步顺应人民群众对美好生活的向往，致力于打造美好教育，这既是以民生为本的写照，也是为杭州改革发展培育可用之才的必然选择，为杭州大步迈向世界名城注入了源源不竭的强大动力。

为讲好纵贯40年的杭州教育精彩故事，从细小处展示杭州教育改革发展的生动实践，杭州市教育局遴选27位亲历40年杭州教育改革发展的一线教育工作者，组织实施了一对一的专题访谈。这27位受访者来自不同的教育领域，普高、职高、初中、小学、幼儿园、特殊教育学校都有代表。其共同特点在于，他们都是杭州教育改革40年的实践者、见证者，且都在各自领域具有典型性、代表性和较大的影响力。他们亲身经历了改革开放以来杭州教育的改革创新、发展变迁，有的长期担任校长、班主任工作，有的退休后仍在坚持“传帮带”，为教育贡献力量。追梦路上，他们呕心沥血，默默无闻，既平凡，又伟大。访谈节目忠实记录了他们的个人成长经历，向我们展示了杭州教育人生命不息、追梦不止的精神风貌，更进一步传播了杭州教育的先进理念，唱响杭州教育好声音。

站在新的历史方位，杭州的教育事业发展正迎来新的机遇和挑战。我们将全力办好学生健康成长、教师职业幸福、人民满意的“美好教育”，不断满足人民群众日益增长的美好生活需要，为杭州建设韵味独特、别样精彩的世界名城和打造展示新时代中国特色社会主义的重要窗口提供强有力的智力服务与人才支撑。相信在这一历史进程中，杭州教育人必将勠力同心，砥砺奋进，未来也定会涌现出更多动人的杭州教育故事，绵延不绝地诠释着“爱心、责任、奉献”的杭州教师核心价值观。

追梦在路上，精彩在继续。我们将访谈录集结成书，凝固转瞬即逝的声像，留住见证40年杭州教育改革发展的一个个珍贵瞬间，让更多的人了解杭州教育人的教育情怀和追梦故事。

是为序。

杭州市教育局党委书记、局长　沈建平

2018年12月

目录

Mulu

01 追求发展的教育

做教育进步的促进者

02 追求幸福的教育

用责任与爱打造孩子的幸福乐园

03 追求一流的教育

让每一个孩子都能走出自己的精彩人生

04 追求理想的教育

教书与育人，一个都不能少

追求优质的教育

培养更多让老师崇拜的学生

追求发展的教育

做教育进步的促进者

杨一青

杭州市学军小学原校长，现荣誉校长

站在未来
做当下的教育

曾获荣誉：全国教育系统劳动模范，全国小学十大明星校长，浙江省劳动模范，浙江省特级教师，浙江省功勋教师。

杭州市第七、八、九、十、十一、十二、十三届人大代表。

浙江省义务教育小学语文教材主编。浙江省教育学会副会长，浙江省实验学校研究会会长，浙江省“杨一青名校长工作室”导师，杭州师范大学兼职教授、硕士生导师，浙江大学教育学院兼职硕士生导师。

教育改革先行者

问：改革开放40年，杭州学军小学有什么变化？您的教育理念又是什么？

答：我是1960年进入学军小学的，几乎没有离开过。40年前，学军小学校址在杭州市文二路求智巷，占地只有9亩[①]多，设施也很陈旧破烂，环境不尽如人意。我做教师没多久，1984年就当了校长。担任校长之后，我在改变学校面貌方面下了很大力气。在各方共同努力下，学校面积从不到10亩扩大到了24亩，后来又发展了紫金港校区、之江校区，学校除了面积不断扩大，教学设施也在不断走向现代化。这都是改革开放40年学校教育发展变化的见证。

40年来我最大的一个成就，就是指明了学校教育改革的方向。当时我在学习了系统论、信息论、控制论后，提出了“整体观念、主体思想、个性发展、和谐关系”16字的学校发展理念，即学校的教改纲领。

首先是整体观念，就是个体要服从整体。学校的每一个员工都是学校这台机器上的螺丝钉，都要为孩子的发展出力。班级是一个整体，作为班主任要整体考虑，如果今天数学作业多了，其他作业

①亩：地积单位，1亩≈666.67平方米。

就应该少一点。孩子也是一个整体，教师要让孩子德智体美劳全面发展。校内校外也是整体。所以我说办教育首先要有整体观念，这点是大家都认可的。

第二是主体思想。教职工是学校的主人，要承认其主体价值，尊重其主体人格。学生也是主体，要提倡自主、合作、探究式的学习，调动他们的积极性、主动性很重要。

第三句话，是个性发展。人是多元智能的，所以我们教育孩子要发展他们的个性特长。我记得我当校长的时候，一位家长带着他的女儿来找我。他跟我说女儿四岁开始弹钢琴，她妈妈很辛苦，每个星期六带女儿从杭州乘火车，到上海音乐学院的一位教授那里学弹钢琴，傍晚再从上海乘火车回杭州。五年来风雨无阻，从不间断。教授说这个孩子手型好，乐感也特别好，是个弹钢琴的好苗子，希望孩子将来能考他的钢琴专业。这位家长给我提了一个要求：孩子从四年级开始，上午在学校上课，下午就在家弹钢琴。我毫不犹豫地同意了。我对那个孩子说，希望你好好练琴，成为一名钢琴演奏家，将来能代表中国到维也纳金色大厅演奏钢琴。在当时同意她半天不来学校上课的决定是很大胆的，但是我觉得是正确的。三年后，这个孩子参加世界级的钢琴大赛，获得了亚太地区儿童组一等奖，后来还得到评委专家的极力推荐，被奥地利莫扎特音乐学院破格录取。我认为学生有某方面的特长，我们就要为他发展特长创造条件。现在高校招生改革也是强调个性化和选择性。

最后一个是和谐关系。和谐关系有七个方面：领导班子内部和谐、领导和教师和谐、教师和教师和谐、教师和学生和谐、学生和学生和谐、教师和家长和谐、学校和社会和谐。我们的学校只有人人奉献和谐，才能人人享受和谐。

10年后，我在这16字教育理念的基础上，又提出了学校“个性化、现代化、国际化”的办学方向，这和现在杭州提出的“打造世界名城”的理念是完全吻合的。20多年来，感谢各级领导给我去国外考察学习的机会。我们学校与韩国、新加坡、日本、澳大利亚、美国等不少国家开展交流学习，学生还多次出国参加比赛，学校教育越来越面向世界。

编写小学语文教材

问：您是教语文的，是什么事触动您开始编写语文教材？

答：我从1994年开始担任浙江省义务教育小学语文教材主审，3年后开始担任浙江省义务教育小学语文教材主编。参与编写教材这项工作，我觉得既是对自身教学能力的一种提升，也是对学生的一种责任。小学语文课是教学生们学习我们的母语，学好母语自然是非常重要的，但如何让学生喜欢上语文，特别是学好作文是语文教学的难点。

让我主编浙江省义务教育小学语文教材是领导对我的信任。语文教学是我的本行，作文教学是我的特长。如何让排斥写作文的学生们喜欢写作一直是我的心结。记得有一次，我接了一个班，放假前，我问学生："下学期我教你们语文，你们有什么希望，有什么要求，有什么苦恼，都可以跟我说。"结果班里47个孩子都希望我多给他们讲故事，多让他们看课外书。而对于作文，大家都恐惧得很，有40个人怕作文，还有4个人咬牙切齿恨作文。我就问他们为什么会不喜欢作文，他们说，学校有规定，评三好学生，数学必须95分以上，语文必须90分以上，而作文是扣分的"重灾区"。

提高学生的写作水平不是一件轻而易举的事。我在编写教材的时候就提出了作文教学要建立在儿童心理研究的基础上。要教好作文必须研究学生。在学生写文章之前，要指导学生学会观察，比如工地上的工人是怎么工作的，你远远地听到了什么，看到了什么，可以记录下来。再比如，菜场里的摊主是如何卖菜的，老百姓又是如何讨价还价的。你把仔细观察到的人和事生动地记录下来就是一篇好文章。学生写完以后，老师要讲评，引导学生怎样把作文写得更好。通过教师讲评，学生互评、自评的方式，让学生逐步提高写作水平。还要重视学生自学能力的培养。比如我教学生写植物，有个学生写了一篇关于毛竹的文章。他是这么开头的："朋友，你爱绿色吗？绿色代表着生命，绿色象征着希望。我爱绿色，爱漫山遍野翠绿的竹林。"他自己在旁边写了评语："我认为我的开头写得很好，抓住绿色写毛竹，这是我从杂志上看来的。"我觉得这种学习方法很好，就鼓励大家像他这样去看杂志、看书，自己评价。

作文教学不是一蹴而就的，而应该是循序渐进的，从观察、记录到思考、表述都需要老师去引导。我坚持在教学实践中研究改革作文教学，以使喜欢作文的学生越来越多，写作水平明显提高。

问：您如何理解教育的国际化？国际化应该怎么定位？

答：关于国际化，我是这么认为的：因为我们现在所处的是一个经济全球化、文化多元化、信息网络化、交通便捷化的时代，这四化要求我们培养的人才必须面向世界，所以我们要为他们打好在世界舞台上施展才能的基础。

首先是身体基础，要有强壮的身体，才可以去南极去北极，到南非到北美，甚至是上星上天。其次，国际化要求我们培养具有良好道德素养的国际人。虽然我国是文明礼仪之邦，但这方面我们还有很多地方做得不够。我们培养的下一代应该是能坦然地走向世界、有教养的中国人。国际化还要求我们培养学生的创新精神和实践能力，以及国际交往能力、语言表达能力等。

要培养国际化的人才，我们的老师需要开阔视野，学习国外先进的教育理念和教学方法，上“三实”的课，即上真实的课，上朴实的课，上扎实的课，不要搞花架子，不要搞形式主义，扎扎实实提高教育质量。我们培养的是将来能在国际舞台上施展才能的建设者和接班人，这是我们教育国际化的最终目标。

成立“杨一青名校长工作室”

问：为什么会成立“杨一青名校长工作室”？

答：学校是教师发展的沃土，是学生成长的乐园。学生是教师教的，所以我非常注重教师，努力引进优秀教师，为他们搭建飞翔的舞台。教师来了以后，每年都会有拜师会，师徒会进行挂钩。而且我们会给予这些老师全方位的关怀，思想道德、理想信念、教育教学以及身体、生活等，该帮都得帮。让我们的老师感受到一种凝聚力，让他感受到跟着你奋斗是有希望的，在这里工作是幸福的。只有老师有幸福感，学生才有快乐感。

当了那么多年校长，我觉得校长对一所学校太重要了，要评价一所学校，首先评价它的校长。省教育厅给了我一个任务，就是传播我的办学思想和教育理念，于是在2009年他们给我成立了“杨一青名校长工作室”，来培训全省的小学年轻校长。在培训校长的时候，我是把校长的发展跟他所在学校的发展融合在一起的。我先帮他把学校发展起来，学校发展起来了，他自己也就提升了。另外我跟学员（校长）的关系亦生、亦师、亦友。学员是我的学生，我也是学员的学生，大家都是学生。我到学员所在的学校去，听他们介绍教学的经验成果，我也是在向他们学习。我是导师，他们也是导师，三人行必有我师。我们都是朋友。我很高兴，我的“生命”在我的学员身上延伸。

在我看来，名校长工作室能让这批年轻的校长们聚在一起，就各自办学过程中的经验和遇到的问题进行交流，难能可贵。校长之间思维的碰撞总是能产生一些火花，它能使校长们看到学校发展的方向，自己成长的希望。

至今，我的工作室已经培训了125名校长，其中涌现了一批优秀校长。

问：您将近60年的教育生涯最大的收获是什么？

答：首先是我培养了一批人，一批优秀的教师，一批优秀的校长和管理者。有人说，我这里是优秀教师的摇篮，小学校长的“黄埔军校”。人是最主要的因素，我感到很欣慰。第二，我提出了一套办学理念，在省里、区里召开的研讨会上，向全省乃至全国介绍，即“整体观念、主体思想、个性发展、和谐关系”这16字理念，“个性化、现代化、国际化”的办学方向，再加上“学校是教师发展的沃土，学生成长的乐园”的共同愿景。思想指挥行动，只有正确的办学思想才能引导学校发展。教育的核心是人，首先要抓好教师。因为只有教师发展才能使学生发展，只有教师幸福才能使学生快乐。教师发展能促进学校发展，学校的发展也促进教师发展，相辅相成。第三，在大家的共同努力下，我们打造了一所社会认可的品牌学校。教育对我来说，是我一生最挚爱的事业，我的理想就是办一所可以和世界先进国家的小学媲美的中国城市小学。

陈立群

杭州学军中学原校长、台江县民族中学校长

让更多贫困生接受更好的教育

曾获荣誉：首届全国教育改革创新杰出校长奖，2018年中国教育十大人物，浙江省春蚕奖，最美浙江人，杭州市杰出人才奖，杭州市劳动模范，最美杭州人，首届感动杭州十大教师，贵州省脱贫攻坚先进个人。

中学数学高级教师，教育部中学校长培训中心兼职教授，中国创造学会理事，中国西部教育顾问，浙江师范大学教师教育学院兼职教授，浙江师范大学班主任工作研究中心研究员、副主任、客座教授。

一生只做一件事，专心致志做教育

问：您有超过30年的校长经历，在管理上，包括教学上，您是否有自己的法宝呢？您是如何做好校长这份工作的？

答：我觉得，首先，自己要高度地投入工作。我总觉得一个人一生能够做好一件事情已经很不错了，所以我就非常专心致志地做教育，做校长。再一个就是，要真心诚意地把老师、把学生当人看，当朋友看。在教育当中我们要遵循一些规律，或者说做教育应该遵"道"而行。我觉得教育的"道"有两条：其一，人的身心发展规律；其二，教育教学规律。年轻人充满活力，他需要活动，作为校长，应该让学生把学习和放松的节奏安排好，让他们能够相对全面地健康成长。我觉得应该要少用校长的权力，最重要的还是文化管理，或者说人格影响，这是校长应当掌握的方向。

比方说最早我在桐庐做校长的时候，当时那所学校初中中考成绩出来后，有两个学生并列第一，但是他们的家长坚持要他们去读中专。其实家长的做法我们也可以理解，因为那时候中专毕业工作包分配，户口也马上可以迁走。但是我觉得太可惜了，因为这两个学生实在是读书的好苗子。我就去做他们家长的工作，坚持让他们留下来读高中。后来在我的再三劝说下，两个学生都选择了读高中。现在他们俩一个是浙江工业大学的教授，一个是杭州市某辖区的区领导。

创办浙江省首个宏志班

问：您首创了浙江省的宏志班，当时怎么会有创办宏志班的想法呢？

答："宏志"就是宏伟的志向。1995年，北京广渠门中学创办了宏志班。宏志班的学生都是一些家庭贫困但是学业优良的孩子。2001年，我在担任杭州市长河高级中学校长的时候，创办了浙江省的首个宏志班。当时我为什么会想到去办这个宏志班呢？我觉得首先跟我自身的成长经历有关。我在读小学到高中的过程当中，中途辍学过。我从农村走出来，能够生逢其时，赶上改革开放，这样一路走过来，做了老师，当了校长。但是还有很多孩子，可能因为各种各样的原因，不能够很顺利地上学，所以我要去帮助他们。再者，那个时候国家提出了农业、农村、农民"三农"问题。我觉得解决"三农"问题，把农民的孩子培养好是其中重要的一点。因为你给他再多的钱，他总是要花光的；你给他送物资，他总是要用完的。唯有把农民的孩子培养好，他的贫困才不会"世袭"。

我觉得教育公平是社会公平的基石。进入宏志班就两个要求，一是家庭贫困，二是学业优良。招生之初我就提出"从哪里来，回到哪里去参加高考"的想法。我认为与给这些孩子一个机会相比，最后高考成绩这笔账算在谁的头上微不足道。全国各地都有宏志班，据我了解，我创办的宏志班是全国唯一实行"从哪里来，回到哪里去参加高考”的。

首届宏志班51个学生，45个考上了一本，第一名直接上了清华大学。看到这些贫困家庭的孩子能够考上好的大学，我感到特别开心。

我们办宏志班的目的就是让更多贫困生接受更好的教育，当时我们提出了一个口号，希望他们能够带着一颗爱心走出杭州长河高级中学的校门，希望他们能够在体验爱、感受爱的同时积极地创造爱、践行爱，这样就能够构筑起一个生生不息、代代相传的充满爱的和谐社会。而且从现在的角度来看，我感到特别欣慰。因为首届宏志班的学生有很多都发展得不错，现在已经开始在反哺、回馈社会了。有三个宏志生还从各地赶来台江和我一起扶贫帮困。

扎根农村，支教黔东南

问：您退休之后谢绝了民办中学的高薪邀请，去黔东南支教，分文不取，担任台江县民族中学校长。是什么动力让您扎根农村教育的呢？

答：2016年3月，我第一次到贵州省凯里市第一中学，给老师们做了讲座，反响很好。黔东南苗族侗族自治州有16个县市，其中14个是国家级贫困县。在了解了那边的教育现状以后，我就开始走访一些县，义务开讲座做报告。从2016年8月开始，应中组部帮扶台江工作组之邀，我到台江县民族中学担任校长。在台江，整个县就这么一所普通高中。当时学校的管理、硬件设施都非常困难。学校3000个学生，建档立卡的贫困户就有1100多个，超过了三分之一。因为贫困面比较广，所以我就延续自己在杭州办宏志班的思路，把整个学校的班级差不多都办成宏志班，这样就能够帮助更多的孩子走出大山。

苗族的孩子都很聪明，但是他们的教育氛围还不够好。所以在他们走向成功的过程当中，旁人有给予帮助的责任和义务。我总觉得一个人的成功就是其父母生育的智商能够得到最大化的发挥。对苗族同胞来说，我作为一个旁人，有帮助他们的一份责任和义务，而且我认为这种帮助不应该带有任何主观诉求，所以我把它归结为不为功利，不求功德，只为心愿。这是我选择在那边支教并且能够在那里坚持下来的原因。而且在支教的过程当中，我可以把杭州乃至浙江先进的教育思想和理念，以及爱与责任传递到贫困地区。

为了能够在苗寨形成“尊师重教，耕读传家”的良好民风，在县委、县政府的高度支持下，高考结束后，对于考到二本以上的学生，我都让学校准备一张喜报，盖上中共台江县委和台江县人民政府的章，由老师们分道到各个乡各个苗寨，把喜报送到学生家中，并在学生家门口放起鞭炮，闹出一点动静，让苗寨里的苗族同胞都能感受到读书读好了是一种荣耀，以此来进行倡导。

弘扬宏志精神，用知识改变命运

问：在杭州有宏志班，在黔东南有苗族的孩子，他们的共同点是家境不太好，但是最后都能考出好的成绩。对于宏志班学生的教学，您有什么好的方法吗？

答：我记得英国《泰晤士报》做过一个调查，它出的题目是穷人最需要什么，让大家去回答。最后统计出来答案最多的是穷人最需要的是梦想。我觉得也是这样。宏志班的孩子为什么能够取得成功？我觉得是他们看到了用知识改变命运的希望。这些孩子，当你给了他们机会以后，他们内在的潜能就爆发出来了。所以我总认为一个人的潜能是无穷的。

宏志精神是什么呢？我把它提炼出来，归纳成宏观、中观、微观三个层面。所谓宏观层面的宏志精神，就是“关注百姓困难，倡导刻苦精神，完善健美人格，体现教育公平”四句话；中观层面的宏志精神，就是“高远的志向，高昂的志气，高雅的志趣”三句话；微观层面的宏志精神，就是“理解，主动，勤奋”六个字。这些孩子要用知识去改变命运的那种心气，那种志向非常明确。但有很多孩子往往是志长气短，甚至有一些有志无气。所以要对志向和志气进行平衡。孩子有志向、志气还不够，还一定要有志趣。对待学习、工作、生活的志趣也非常重要。

最后，宏志精神最核心的词就是“精神”。我想，比一个人的学业成长更重要的是他的精神提升。改革开放以后，一方面，物质生活极大丰富起来了；但是另一方面，我们的整体国民素质还有待提高。我就在思考究竟是为什么。物质的丰富，包括金钱、权利、地位等，所有这些合起来都是“物”，这个“物”是需要一个人的大德、厚德来承载的，“地势坤，君子以厚德载物”。所以我觉得从这个意义上讲，教育用孔子的话来说，就是“先成人，后成才”；用德国哲学家、教育家雅斯贝斯的话来说，就是“教育首先精神成长，其次科学为之”。我作为一个教育者，当了这么多年校长，现在退休了，我内心总有一种忧虑，就是当下人的心灵的提升跟不上科技的进步，精神的成长赶不上经济社会的发展。我觉得教育要先成人后成才，简而言之，教育要少一点功利意识，多一些着眼学生学会做人或者说让他精神成长的追求，这对教育来说是任重道远的。

徐承楠

浙江省杭州第二中学原校长

做教育进步的促进者

曾获荣誉：全国先进工作者，全国教育系统劳动模范，浙江省特级教师，浙江省功勋教师，杭州市劳动模范。

第九届全国人大代表。享受国务院政府特殊津贴。

曾任浙江省特级教师协会会长，浙江省教育学会副会长，浙江省物理教育学会物理教学分会会长等。现任杭州第二中学校友总会名誉会长。

始于“杭二”终于“杭二”

问：您还记得您是哪一年踏上教育岗位的吗？

答：我是1963年踏上教育岗位的。1963年，我从杭州大学毕业，被分配到杭州第二中学，做的是物理教师。现在回忆起第一节课上课的情形，还是记忆犹新。因为当时校长对教学抓得很紧，他非常关心新来的老师，我上第一节课的时候，他就来听课，弄得我非常紧张。刚开始做老师的时候，我只是抱着一颗平常心，没什么特别的想法，但做着做着，就开始热爱这个工作了。

为什么一直在杭二中坚持到底呢？因为我喜欢教书，不喜欢干别的事情。杭二中给了我这么好的一个工作环境，我完全没有离开的念头，所以就一直在杭二中做了下去。当时跟我一起到杭二中报到的有七位老师，其中有五位老师也是在杭二中做到退休的。上世纪90年代初期，有不少老师走出校园去做生意，但这对我诱惑不大，我认为以我这样的能力没办法出去，出去也生存不了，所以只能做老师。

推行素质教育，帮助学生成长

问：您作为物理老师非常有名。您独特的教育方式让很多老师和学生口口相传，特别著名的一个做法就是每节课的

回家作业只有三道题。为什么您只布置三道题呢？

答：我们在20世纪七八十年代的时候，作业就没像现在那么多的。我为什么只布置三道呢？因为我十分注重教育的效益和效率。我认为教育应该教给学生最有助于他成长、最有利于他今后发展的知识和技能，并且通过知识和技能的传授，不断提高他们的素养，这是教育的效益；另外，教育过程中不能够浪费学生的时间，而应该让学生的学习保持高效率。在这两个思想指导下来设计作业，才出来这三道题的“典故”。

三道题是经过精心设计的。我认为它应该涵盖当堂课的全部知识内容，而在做这些题时，必须有一个思考的过程。另外，这些题的难度要适合学生，既不能是一看就知道怎么做——做这样的题是浪费时间，也不能太难，半天都做不出来也不行。所以题目设计有一个这样的要求：希望学生能够“跳一跳”才能够拿得到。因此，题虽少，但不容易做。学生需要通过自己的思考，努力地去做。做完了以后，还需要反思一下，有时候还得写一个小结。

在学习过程中，我是不赞成题海战术的，我认为“刷”题是世界上最笨的方法。学习要用巧劲，不能用蛮力、浪费时间。学生的负担过重就是这个原因，这是我们的教学方法不对。

学好一门学科的关键是，学生在学习过程中知道自己在学什么，知道怎样学，还知道学了以后对自身发展有什么作用。学生一旦理解了这门课，他学起来就会非常容易而且有味道。兴趣的本质，是对这个学科的理解。在教授学科知识的过程当中，隐含着一种思想方法的教育，一种能力的教育。现在的学习是为了以后的成长打下基础，不能太急功近利。

保持一颗教育平常心，做一名好校长

问：1992年到2000年，您担任校长。校长和老师完全是两个不同的岗位，做校长您有什么感受？

答：校长不好做。他要担负的责任和老师是不一样的。老师只需要教好一门课就算尽到了自己的职责，就对得起学生和学校了。但是校长不仅要带领全校师生完成教学任务，还要担负起学校文化的传承发展、教师的教育、校园环境的建设等任务，他面对的问题更复杂，所以更难做了。

我认为做校长需要一颗教育心——对学生负责，对老师负责，对学校负责，对社会负责的教育心，并且这颗教育心是由内而外的、自身认同的，而不是装样子给别人看的。当一个好校长还要懂得教育规律，有教育情怀。当然，校长还要有过硬的学科知识，如果自身的学科知识不过关，就理解不了现代教学理念。

担任校长期间，在管理方面我比较注重人的因素，曾经力行“三制”建设，三制指的是校长负责制、教职工聘任制、岗位责任制。强化过程管理，实践“两主”和“四结合”。“两主”是指学校工作以教师为主体，教学工作以学生为主体；“四结合”是指具体工作的指导与长远目标的引导相结合，对教师的管理与对学生的管理相结合，严格制度下的外部约束与基于职业责任意识的自我约束相结合，适当的物质激励与细致的思想教育相结合。总之，要力求发挥师生们的积极性、创造性。

问：您觉得我们要培养好孩子，培养好学生，应该如何处理学生、老师、家长三者之间的关系？

答：如何处理这三者的关系，简单来说就是互相尊重。譬如说老师和学生之间的关系，学生尊重老师这是肯定的，那么什么叫老师尊重学生？尊重学生，首先要尊重学生是一个生命体；第二要尊重学生的成长规律；第三老师要尊重自己所教的学科，尊重自己所教的学科的规律。同样的，处理老师和家长之间的关系，我认为也是尊重，尊重每个人的身份和角色。家长要尊重老师，不能从教师要为我的孩子服务的角度去要求教师。老师也要尊重家长，不能把老师该做的工作推给家长。所以我认为处理这三者的关系，互相尊重是关键。

斯黎红

杭州市人民职业学校校长

让职业教育赢得社会尊重

曾获荣誉：浙江省“巾帼建功”标兵，杭州市优秀共产党员，杭州市首届黄炎培杰出校长奖。2004年主持的青春期教育成果“让每一位学生都奏响和谐的青春旋律——职业高中性健康教育的实践与研究”获浙江省第二届职业教育成果二等奖，2014年主持的“基于教学项目的层进式教学模式的探索与实践——以杭州市人民职校广告专业为例”获浙江省第四届职业教育教学成果二等奖，2016年主持的“中职学前教育专业课中课模式的构建与实践”获浙江省第五届职业教育教学成果二等奖。

杭州市幼儿园园长培训中心主任，杭州市政协第十届委员会教科文卫特聘委员，中国职业技术教育学会理事，中国女学生教育专委会副理事长，浙江省职业教育与成人教育协会副秘书长，浙江省语言文字工作者协会副秘书长，浙江省艺术教育委员会委员，浙江省学校艺术教育协会副会长。

初为人师

问：40年前的教育环境是什么样的？上了大学之后，您对教育是一种怎样的认识？

答：40年前我还是一个中学生，在杭州长征中学读书。当时刚刚恢复高考，长征中学分了两个重点班，一个文科班，一个理科班，我在理科的重点班。当时我从学生的角度，感觉到教育资源还是比较紧缺的。一是师资比较紧缺。我初中的语文和政治老师都是代课老师。高考之前，我们的化学老师是原来的体育老师。再一个是教学资源也比较紧缺。那时候有一个说法："学好数理化，走遍天下都不怕。"数理化有一套自学丛书，但我的同学却很少有人有，我连一本都没有。

我当时考大学的时候，因为刚刚开始恢复高考，所以高考的氛围不像现在这么浓厚，到底读什么大学，读什么专业，也没有像现在这样有很好的规划。当时听说21世纪是生物的世纪，所以我的志愿就填了杭州师范学院的生物系。但生物是什么，其实我当时并没有概念，因为我中学没有学过生物，我只是充满理想地选择了这个专业。

大学生活是很丰富多彩的，而且上世纪80年代是一个充满激情、充满热情的年代，我们唱着"年轻的朋友来相会"，感觉天也新、地也新，欢歌笑语绕着彩云飞。我们80年代的新一辈要为祖国、为四化贡献自己的力量。在那个年代读大学也非常幸运，我们不仅学费全免，每个月还有饭菜票补助，吃饭是足够有余了。学校想尽一切办法让我们树立起一种信念：我们是师范学院的学生，让我们爱上师范、爱上教育。逐渐地我们对师范专业、对杭师院都有了很深的感情。

1984年我大学毕业，工作是国家分配的。我当时到杭州市教育局报到，领了派遣单，被分配到杭州市开元中学，这是在杭州市中心很好的一所学校，我就这样成了一名教师。初一是教植物，初二是教动物，初三是教生理卫生课。领到教材翻开一看，内容非常简单，我感觉这么浅显的东西，上课是完全没问题的。谁知道我上第一节课的时候，我们的教研组长来听课。我虽然精心备了课，但没想到才上了半节课，一节课的内容就全部被我讲完了。这可怎么办呢？是接着把明天的内容提前上掉？还是把今天这节课的内容再讲一遍？我看着学生，学生也看着我，大家面面相觑，让我越发紧张。这件事对我后来的教育工作有所启发，作为一名教师，知识再渊博，心中都要有学生。我刚开始做老师的时候，心中是没有学生的，只有自己所学的一点东西，以为把这些东西赶紧讲完，任务就算完成了。这其实是本末倒置的。

还有一件事情让我印象很深刻。学校组织期中考试，一个教室的人要分成两半，一半的人要到另一个教室去。我第一次做监考老师，拿了试卷到考场一看，学生全部坐在里面。怎么办呢？我该把哪些同学调到另一个教室去？正在为难的时候，一个老教师走了过来，只说了一句话：单号的同学坐在这里不动，双号的同学到另一个教室去。一批学生就自动站起来走到另一个教室去了。这么简单的事情我都不知道怎么处理。所以我觉得做教师可没那么容易。怎样组织教学，怎样进行管理，怎样走进学生的心里，了解学生的需求，有很多东西是值得学习和研究的。不是说我大学本科毕业，随便教这点东西就好了。后来我很认真地向老教师学习，逐渐地在老教师和领导的教育培养下，我自己也成长进步了，成为杭州市教坛新秀、杭州市优秀青年教师，并慢慢地走上学校管理岗位。

创新与质量让职业教育赢得社会尊重

问：您做了20多年的职业学校的书记、校长，职业教育在40年的教育发展过程中扮演了一个什么样的角色？未来职业教育又会发展成什么样子？

答：这几十年，职业学校经历了波澜起伏的发展阶段。以我们人民职业学校为例，学校有几大专业，学前教育专业是我们办的时间最久的，创办于1982年，再就是航空、会展、礼仪等专业。这几个专业应该说是和杭州的社会经济发展相一致的。现在随着二孩时代的来临，幼儿园老师非常紧缺。我们的学前教育专业也是跟着社会需求，与三所高校合办学前教育大专，增加招生班级。今年学校还携手浙江师范大学试点学前教育七年一体化培养，联合制定并实施七年一体化的人才培养方案，就是前三年在人民职校就读，后四年在浙师大杭州幼儿师范学院读本科，目的就是为了给社会培养卓越的幼儿教师。同样，2016年在杭州召开G20峰会后，杭州会展业的人才需求量非常大，对我们学校会展专业的发展也具有极大的拉动作用。

但是现在老百姓对职业教育还是有很多误解和偏见，认为职校生是被应试教育“淘汰”下来的人。其实职业学校有自己的培养优势，培养的是高素质的技能人才，毕业后在各行各业为社会经济发展做出了重要贡献。比如我们的学前教育专业毕业生遍布杭城幼儿园，成为杭城幼教行业的中坚力量，有170位毕业生成长为幼儿园园长；会展专业毕业生成为国家年度十大人气照明设计师，完成杭州G20西湖核心景区照明设计总规划；在杭州文化创意行业，职业学校的毕业生也是人才辈出。职业学校正依靠自己的创新与质量，日益赢得社会的尊重。

未来，为了职业教育更好地发展，我觉得还是要从两方面来努力。一是教育行政部门和学校，要把学校办好，把学校的每一个专业办好，提升教育质量。二是国家政策对职业教育的支持。这几年国家对职业教育的发展有一些非常好的政策，比如说建构了升学就业的立交桥。以我们学校为例，学前教育专业原来是三年制的，三年读完后要么去考大学，要么就直接去工作，十几年前中专文凭就可以到幼儿园工作了。但是社会发展到现在，对幼儿教师的学历要求越来越高，所以我们也及时构建起了“3＋2”和“3＋4”的人才培养模式。“3＋2”和“3＋4”不是我们学校自己想办就可以办的，这是需要国家相关政策支持的。今年就因为国家政策支持，我们构建了“3+4”培养模式，和本科院校实施中本一体化的招生。进来我们这里读三年，然后到与我们合作的浙江师范大学杭州幼儿师范学院读本科，读完以后就可以取得本科文凭。这样的政策对学生、对家长来说是有利的，所以初中毕业生报考很踊跃，录取的学生全都是高于重点高中录取分数线的。

职业教育是一种教育类型，是与普通教育并驾齐驱的。我认为未来职业教育要“两条腿”走路。一方面，各个学校要办好自己的学校和专业，使自己的专业在老百姓心目中的美誉度能够提升。让学生到我们学校来，读了我们的专业以后，能够学到一点东西，不管是人文素养，还是专业技能、综合素质，都能得到提升。另一方面，社会要给职业教育更多的政策扶持，打通职业教育的发展渠道，让接受职业教育的学生有更多的提升空间，让孩子们知道自己通过职业教育，可以获得更大的发展。同时，社会也要大力弘扬劳动光荣、技能宝贵、创造伟大的时代风尚，营造“人人皆可成才、人人尽展其才”的良好环境。

问：您对未来的教育有什么样的思考？我们未来该怎么做？

答：我们从事职业教育的人经常说一句话，适合的才是最好的。所以我们不要把考大学，考一个好的分数作为唯一的价值追求。大千世界生物千姿百态，没有两片树叶是完全一样的。鸟可以飞得高，但是你要它去游泳，可能就是强它所难；老虎跑得非常快，你也不可能要求它去飞。我们在培养孩子的时候，要让他们认识到适合自己的才是最好的，要去培养孩子的自信心，激发孩子学习的兴趣。孩子的潜能其实是无限的，一旦被激发出来，可以迸发出无限可能性。我在职业学校工作35年了，看到很多所谓的“中考失败者”，走进职业学校后找到了自己喜欢的专业或课程，找到了学习的乐趣，重新找回了自信，激发出自己生命的潜能，毕业后成为行业的佼佼者，甚至成了大学生的创业导师。这些学生毕业后，对学校对老师都有很深的感情，经常回母校看望老师，甚至还带着爱人抱着孩子一起来。我听他们说得最多的一句话就是：我当初选这个学校选这个专业真是选对了，感谢老师对我的耐心帮助和鼓励教育。所以我觉得让孩子选择喜欢的学校，喜欢的专业，比勉强够到某一个分数去读某一所学校更加重要。我们要让更多的职校生找到自己人生的目标，也要让社会真正认识到职业教育的价值。

从全人角度关注青春期教育

问：您曾经提出过以女性的角度来关注孩子的成长，对于孩子青春期的成长也有专门的研究，为什么要单独有这样一个领域的研究？是从什么时候开始的？

答：20世纪80年代，我教初中生物，初三的生理卫生课内容有呼吸系统、消化系统、运动系统等，这些讲得比较详细，但到了上生殖系统的时候，老教师就对我说，这部分内容跳过，不用上了，或者让学生自学。虽然这种情况现在有了改观，但依然不足。生殖系统认知也是青春期教育的一部分。

当前的学校教育，学生学业成长的课程是安排得非常紧密的，这些课程也紧紧围绕升学就业。但有关学生生命成长的课程却比较缺失。处在青春期的学生，这些生命成长课程对他们一生具有重要的意义。很多男生女生的青春期成长都是靠自己摸索，同伴交流的。由学校来开设这样的课程，相对来说比较少。其实他们是非常需要老师给予指导的。要实现学生成长成才的和谐教育，还有许多工作需要完成。

在我们学校，1500多个学生中，男生只有120多人，女生占了90%以上。针对这一特点，我推出了女生教育实践与研究，即培养明礼、优雅、知性的现代职业女性。真正的职业女性不是取悦于人，而应自立于世，成为独立、自信、有梦想、有追求的人。每一个生命都是独特而珍贵的，承认并尊重差异，其实是一种更好的进步。

我曾经给人民职校的女生们写过三封信，从不同的角度，指引女生怎么成为一个优雅、独立、知性的女性。我为此还带领团队出版了一本书，讲的主题就是生命的完善——如何让自己的人生更加丰盈，自己除了是一个职业人，还是一个非常好的社会人，是一个女儿，是一个妻子，是一个母亲，是一个家庭的成员。只有两翼齐全，才能成为一个和谐发展的人。

蒋春英

原杭州聋人学校（现杭州文汇学校）原校长

以善为本，成就听障学生的阳光之梦

曾获荣誉：全国优秀教育工作者，浙江省特级教师，浙江省春蚕奖，浙江省师德先进个人，浙江省教科研先进工作者，浙江省教育系统“三育人”先进个人，首届杭州市教坛新秀，杭州市优秀教师，感动杭城十佳优秀教师，杭州市劳动模范，首届最美杭州人，第九届杭州市十大道德模范。

杭州市第七、九、十届政协委员。享受国务院政府特殊津贴。

是爱和感动留住了我

问：您在杭州聋人学校待了30多年，为什么能坚持那么久？

答：1983年我从师范学校毕业，被分配到杭州聋人学校，在这里一工作就是30多年。自己能坚持30多年，都是因为孩子。尽管这些孩子很不幸，但是他们很可爱，很懂事。记得带第二届学生二年级的时候，我还很年轻，脸上会长痘痘，走进教室后，有几个女生很关注我的脸，然后她们就拿出一支冻疮膏跟我说："老师，您脸上长出来的冻疮可以用药膏擦一下，擦了就会好。"我当时真的很感动，尽管就那么一个小细节。这些孩子冬天会生冻疮，冻疮膏是她们备用的。我对她们说："谢谢你们，但是老师脸上的痘痘跟你们的冻疮不一样。"还有一次是自修课，我感觉身体不太舒服，全班同学都很紧张，就对我说："老师，你脸色很不好，赶紧去第三医院看看吧，我们自己学习。"当时，第三医院离学校最近。类似让我感动的事情经常发生，所以我觉得这些孩子非常懂事，值得我去爱他们。我曾经也有几次想走，但是转念一想，大家都走了，谁来为这些孩子上课？所以几次想走都没走，一直留到现在，是孩子们留住了我。

不光是学生感动我，学校的老师们也让我非常感动。无论是在平时的工作上还是在生活上，他们都像爸爸妈妈对待自己的孩子一样。和普通学校的老师相比，他们需要付出更多。作为校长，我看在眼里，疼在心里。许多孩子六七岁来到杭州聋人学校上学，因为学校是寄宿制，所以就住在学校里，常常一学期才回家一次。那么对于老师而言，就不仅仅要教这些孩子们知识，还要负责他们的日常生活。有些孩子来到学校时还是夏天，只带了一些夏季生活用品，比如凉鞋。到了冬天，这些凉鞋都不能穿了，学校的老师就会自掏腰包为孩子们添置冬鞋。时间久了，孩子们的头发长了，老师们也会带他们去理发。虽然花的钱不多，但是老师们的这些举动让我很感动。我们学校的老师都是这么做的，有的往往会把自己的孩子放在一边，而且一点怨言也没有。正是因为这样，我才会在这里一待就是30多年。

对“特殊的孩子”需要倾注更多的心血

问：对于特殊教育学校来讲，在跟这些孩子接触，包括教育他们的时候，您有些什么样独特的方法？

答：对于这些“特殊的孩子”，老师不仅要倾注更多的心血，在教学方法上也需要更加用心。有些孩子不会发声是因为他们听不到，因聋导致哑，并不是真的不会说话。所以对待这样的孩子，首先要教的就是让他学会发声。比如教他说“爸爸”，他看到的是我的唇语（口型），但是听不到我的声音。我会把他的一只手放在我的声带上，而另一只手放在他自己的声带上，然后再说“爸爸”，让他感受到我的声带在振动，等到他发声时，一定也要感受到自己的声带在振动才行。这样坚持练习下去，慢慢就能发出声音。一听到孩子终于会发音了，我们老师都会特别开心。

但能发音并不代表会说话，老师还需要花很长的时间帮助孩子矫音。比方教孩子学拼音，“b”和“p”两个音，一个是送气的，一个是不送气的，但是两个音的唇语（口型）是一样的，那怎么办？我们的老师就把一张小纸条放在嘴边，发“p”时，纸条会飘起来，发“b”时，纸条几乎不动，借此来告诉孩子两个音的不同之处。

“特殊的孩子”需要融合教育

问：您觉得对于聋人学校的孩子来说，什么样的教育是最适合的？

答：我觉得对于这些特殊的孩子来说，多元化的融合教育是最好的。我认为融合教育是中国特殊教育的趋势。在国家和浙江省的《第二期特殊教育提升计划》里都讲到了，要求普通学校的幼儿园和普通小学、中学要提升接纳这些特殊孩子的能力，也就是说，要把这些孩子融入普通学校里去。目前我们杭州市在做多元化的融合教育，有随班就读的，有辅读班的，有在普通学校里办一个特殊班的。还有的叫“卫星班”——本来在特殊学校里学习的孩子，现在可以到普通学校去接受融合教育。这些孩子的学籍管理还在特殊教育学校，但学习是在普通学校，由特殊教育学校和普通学校的老师一起完成对他们的教育。不过，我觉得开展融合教育有一个前提是适合，不是所有的特殊孩子都可以融合，要融合加适合，这样的教育才是对这些有特殊需要的学生最好的教育。

融合教育是一个漫长的过程，不是一两年就能完成的，做起来需要各方配合。我认为，教育的目的是要让每个人成为真正的人。对于残障儿童，就是让他们真诚、善良、健康，让他们这样融合到社会当中，成为一个普通的幸福人。

同时，这些孩子要成为普通的幸福人，社会、家庭、学校要合作好。比方说，杭州能不能走在全国的前列，大家都来学手语，给这些孩子多一些帮助。这些孩子走在马路上，想要问路时，市民都能够跟他进行手语的交流。各方面配合工作做好了，孩子们就有自信心，从学校毕业以后也能找到适合的工作，让他们能有尊严地生活，从而成为真正的普通的幸福的人。

02

追求幸福的教育

用责任与爱打造孩子的幸福乐园

孙祖瑛

杭州市源清中学原校长

研学现代科技，培养世界所需人才

曾获荣誉：浙江省特级教师，浙江省春蚕奖，杭州市高层次人才（C类），杭州市劳模（先进）。

曾在杭州市教育局教研室从事了20年的物理教研员工作。先后担任杭州市第二中学教导主任、副校长，杭州市高级中学副校长，杭州市第十四中学校长。1998年，创办杭州市源清中学，任校长。浙江省教育学院教育管理系兼职教授，浙江省物理学会常务理事。

从教研员做起

问：您能跟我们分享一下您的教育经历吗？

答：大学毕业之后，我先是被分配到杭州市教育局教研室做了一名物理教研员。做了20年教研员后，我被分配至杭二中，从老师开始做到教导主任，然后成为副校长，再从杭二中调到杭高做副校长，后来又从杭高调到十四中做校长，一直到1997年退休。退休以后，我又接到了教育局的任务——筹办源清中学。从1998年至2003年，我一直担任源清中学校长。

对大部分人来说，是先当老师，成为一名优秀的老师后，再调到教研室去，因为教研员要负责整个学科的教学工作。但我却是反了过来，先是在教研室做了20年教研员后，才被分配到学校当老师。

为了做好教研员，我是下了不少功夫的。当时我想了两个办法。我先是找到了一名杭二中的老师，接了他的一个班代替他上课。因为我还在教育局担任教研员，所以有许多行政工作，但是只要有空闲，我就会去学校上课。因为我觉得如果我没有上过课，那么就真的当不了教研员。

即使这样接课上，我觉得自己差得还是很远。所以后来我又想了第二个办法——把杭州一中、二中、九中等学校的教研组长集合起来，请他们给我做参谋。我也明确地说我是拜师，恳请各位指导我如何做教研员。我要布置什么任务，要做什么事情前，都会先和他们商量，请大家帮我出出主意。有一次，要开杭州市全体物理老师参加的会议，我就请“教研组长团”的老师们给我出谋划策，自己准备好了再去讲，讲完以后也会请教各位组长有没有补充。

拿起教鞭到成为校长

问：您是如何成为一名校长的？

答：做老师不容易。杭二中的物理竞赛在杭州是很有名气的，全教研组每人都要轮流承担竞赛的辅导。我刚走上教师岗位时，就遇到了难题。第一次轮到我做物理竞赛辅导时，我准备了一个教案，为90分钟的课程准备了12道题，因为担心题量可能不够，还额外准备了12道题的B方案。

杭二中的学生太厉害了，我出一道题，学生的答案马上就出来了。我才讲了30分钟，12道题就全部用光了。我只能马上把B方案拿出来。结果到第一节课下课时，B方案也用掉了一半。不充分的准备让我倍感紧张，趁着课间我赶忙回到办公室，把平时收集的一些难题、偏题，甚至是自己还在构思的一些题拿出来，才总算把第二节课完整地撑到底。外校的老师认为杭二中的学生聪明，所以老师好当，其实真不是，教这些聪明的学生，老师没有一点干货，根本都没法站在讲台上。

成为校长以后，我在教育问题上有了更多思考。我教物理，除了物理书以外，我还有一本“物理教学法”；当教导主任需要一本

“教学论”；而当校长，还需要加一本“管理学”。整个学校的人、财、物，校长什么都得管，有时甚至还得管到校外。我认为，做校长需要排兵布阵，需要筹划，安排今天事情的同时，要想到明天、后天的事情，还要回过去看看昨天、前天的事情，这样才能把工作做好。

筹办源清中学

问：您是如何筹办源清中学的？

答：退休后仅一年，教育局找到我，告诉我需要筹办一所新高中——源清中学。那一年是初三毕业的学生多于高中招生的人数，有一部分人将进不了高中，但孩子们需要接受好的教育，所以需要办一所新学校，以满足不断增长的对优化教育的需求。

对于源清中学，我认为，新时代新建的学校，需要适应国家的发展需求，培养的人才要能够参与到今后的工业革命中去，帮助中国成为与世界接轨的工业大国。所以源清中学第一需要搞信息化，第二要搞国际化。

1998年，我参加了沿太平洋地区的一个教育交流研讨会，其中一项活动是所有与会人员都到电脑室，学习怎么操作电脑。这件事让我开始格外注重学校“互联网＋”的发展。

学校有一个有利条件。当时源清中学的办公室主任陈老师非常喜欢计算机，教的也是计算机。我就把电脑网络这一块工作交给他负责。坚持多年下来，源清中学在信息化方面取得了长足发展，成为教育部的信息实验中心、杭州市智能化先进单位、浙江省数字化先进单位，以及长江三角洲地区的示范单位。

如今，我已从源清中学校长的岗位上卸任许久，但我始终对源清中学满怀希望。学校要培养更多的人才，才能让生产力水平发展得更好。我们搞教育的不能让一个学生掉队，要让每个学生将来都能够为社会做出贡献。国家进入改革开放的新阶段，我们要培养出适应新阶段要求的人才。我相信在这个过程中，源清中学的老师们一定会更加努力，源清中学的明天也一定会更加美好。

励发珍

杭州濮家幼儿园教育集团园长、书记

用责任与爱打造孩子的幸福乐园

曾获荣誉：浙江省教育科研先进个人，浙江省中小学师德楷模，杭州市教坛新秀，杭州市江干区名校长。

幸福与责任长存

问：您做老师的初心是什么？

答：我1984年从浙江幼儿师范学校毕业后，被分配到杭州市闸弄口幼儿园工作。从事教育行业已经34年。做老师的初心，就是喜欢孩子。当年毕业时自己只有十八九岁，也是父母眼中的小孩子，到幼儿园里跟孩子们一起做游戏，一起生活，非常开心。孩子们每天会给我一个拥抱，一个亲吻，甚至有的孩子愿意把悄悄话说给我听。记得有个叫诚诚的小朋友，他把家里的存折藏在哪里都告诉我。我跟诚诚说，这是家里的秘密，不能告诉别人。诚诚回答："妈妈说不能告诉别人，但励老师是自己人。"可见孩子们都非常信任老师，冲着这点我就很喜欢这个职业。跟孩子们在一起的每一天都是幸福的。

走上管理岗位以后，我一切工作的宗旨还是为了孩子的发展，幸福的同时更多了一份责任和担当。如何做好孩子们的"自己人"，做好教职工的带路人？这是需要认真思考的。我觉得，身为一个教育工作者，责任和情感并不是相互矛盾的，而是并驾齐驱的。只有将责任从外在认识转化成一种内在认知时，才是一种发自内心的情感。

首先我是一名幼儿教师，只有了解孩子、读懂孩子、关爱孩子，才能知道孩子的所需所求，从而给予最贴切的帮助与支持。其次我是一名教育管理者，每一位教职工都是我坚强有力的后盾，建设共同愿景，携手共创佳绩。无论我在哪一个岗位上，都会全力承担起幼教事业这份责任。因为对自己有明确的定位，对工作有明晰的理解，所以不管担任什么角色，我始终牢记责任是什么。它是一种信仰，坚定了我的目标；它是一种情感，让我时刻懂得关爱别人；它更是一种传递，鼓励我以真、善、美感染身边的人！

树形管理模式培养管理型人才

问：您是江干区政府评选出的第一个名园长，在管理方面，您有什么样的“秘籍”？

答：随着集团规模的逐步扩大，园区越来越多，必须调整管理思路。我认为当园长不是居高临下地下命令，而是要唤醒教师内驱力，激发其创造力，只有层层推动，才能共同发展。

基于此，我们首先创立了树型结构管理模式。

管理层是保证集团健康发展的根基。作为智慧型组织，一方面，必须不断地从外界吸收“营养”，包括科学的教育理念、优质的教育资源；另一方面，还要不断地向内输送管理人才、人性化管理制度、高效的决策等，以保证集团各个园区的健康发展。树干就好比集团管理中层，在集团管理高层和各园区之间起着平衡协调的重要作用，是维持整个集团相对恒定的重要支架。树的分枝就好比集团的各个园区，一方面，各园区依存于集团管理高层和中层生长，另一方面，树的分枝有着不同的生长速度和生长方式，有着“向光性”的特点，代表着各个园区的教学、教研、办园特色等个性化的开展，比如采荷二幼教育集团采荷园区的棋艺特色，庆春园区的思维游戏特色，钱新园区的科学特色等。

其次，我们创设了中层干部“1+X”培养模式。

随着集团规模的不断扩大，对干部的需求越来越多。2008年，我们成立了集团后备干部库。一方面，我们会针对性地进行理论培训，提高老师的管理能力；另一方面，让在职干部在实践当中引领，开展“1+X”结对子模式，由一个中层干部带着一个或几个新人锻炼。另外，实行任务驱动，让后备干部在实践中学习。这套方法确实收获了成效，这些后备干部目前在江干区很多幼儿园发挥着重要作用。

把学习变成好玩的游戏

问：一些家长认为小朋友们在幼儿园里就是玩，那么学前教育在人的一生中究竟有着怎样的作用？

答：幼儿园里的玩是什么？玩就是游戏。游戏是什么？《幼儿园指导纲要》和《3—6岁儿童学习与发展指南》中指出：游戏是幼儿园的基本活动形式，理解幼儿的学习方式与特点，珍惜游戏的独特价值等，都说明了游戏对幼儿能力发展的重要性。“玩”是孩子的天性，我们的教育智慧就在于把枯燥的学习变成好玩的游戏。我们创设了自然的、开阔的、有变化的环境，为幼儿的自主学习与探索想象提供了适宜的条件。我们在户外开发了如野战天地、快乐骑行、创意拼搭、沙水世界、演艺天地、建筑工坊、快乐涂鸦等游戏场地；各个班级创设了丰富多彩的区域游戏，如棋艺世界、巧手天地、温馨书吧、海马照相馆、妙手小医院等；每一天都有灵活多元的音乐、语言、智力、体育等规则游戏；在每一个集体教学中引入游戏化教学形式，让学习经验的梳理变得更为自如顺畅；每个园区有特色游戏，如濮家园区的建构游戏，不仅利用清水积木、炭烧积木、泡沫积木、纸砖等常规建构材料，生活中常见的纸牌、夹子、棒冰棒、纸筒、纸板等，也成了孩子们建构活动中的新宠。这些根据孩子的想象和意愿进行构思和构造的游戏，不仅能发展幼儿的空间知觉和想象力，而且能帮助幼儿感知形体、对称等概念，培养孩子坚持、耐心等学习品质。

每一天，孩子都与游戏为伴，而我们的老师是孩子们的支持者、帮助者、合作者，拥有一双发现的眼睛，去解读他们的游戏语言、游戏需求，适时地给予回应与帮助，让孩子们在“玩中学，学中玩”。就这样，各种各样的游戏内容让幼儿产生了许多惊喜和收获，游戏中的挑战不断激发幼儿的好奇心与探索欲，不断支持幼儿去猜想与验证，不断促进幼儿各方面的学习与发展。

回到学前教育的作用这个话题，幼儿园教育是基础教育的重要组成部分，是学校教育和终身教育的奠基阶段。它利用各种教育资源为幼儿提供健康、丰富的生活和活动环境，满足他们多方面发展的需要，顺应孩子的天性，启迪孩子的灵性，尊重孩子的个性，帮助孩子积累知识，陶冶情操，强健身体，使他们在快乐的生活中获得有益于身心发展的经验。我们希望孩子们成长过程的每一天都是幸福、温暖、欢乐的，相信在濮家幼儿园的三年时间，将成为他们童年最美的回忆。

张化万

杭州市上城区教育学院原党总支书记、副校长

追求幸福，从优秀走向卓越

曾获荣誉：浙江省特级教师，浙江省优秀教研员，浙江省春蚕奖，浙江省中小学校长培训工作先进个人，曾宪梓中等师范先进教师，杭州市上城区十佳校长。

享受杭州市政府特殊津贴。

曾任全国小学作文教学研究会副会长，浙江省特级教师协会第一、二届副会长，《现代小学语文》实验教材主编，杭州市小学语文研究会副理事长，浙江省中小学教师继续教育专家委员会委员、语文学科组组长。2006年开始任张化万浙派名师培养工作站站长。现为浙江省小学语文特级教师工作室联盟会长。

不忘初心，追寻幸福

问：您从事教育行业多少年了？当初教育的初心是什么？

答：我是1963年从杭州师范学校毕业后到杭州市天长小学，开始从事教育行业的，到今年已经有55年了。我走上教育岗位，很大程度上是受班主任兼语文老师徐浩的影响。当时我是语文课代表，他是从部队过来的军事教员。他的普通话说得非常好听，语言功底特别好。他对班上的同学也很关照。同学们都特别喜欢上他的课，模仿着他说话写字。徐老师的精神激励了我，所以我毕业后立志要当一个像他一样受学生欢迎的老师。我带的第一个班，两年以后成为杭州市上城区的三好班。我带的第二个班，一年以后被评为杭州市学雷锋优秀中队。

1990年8月，毕业班送出以后，我调到了上城区教育局教研室，上城区教师进修学校（现为上城区教育学院），一直工作到2005年满60周岁，辞去了党总支书记和副校长的职务。2006年，上城区人民政府和教育局专门为我成立了一个教师教育机构，叫张化万浙派名师培养工作站，开创了教师教育新的工作天地。这个工作站也是当时浙江省第一个名师工作站。

一路走来，我觉得收获满满，幸福满满。看到那么多孩子成长，我由衷地高兴。我教的第一个班的学生，今年已经65岁了，是爷爷辈了。上世纪90年代毕业的学生，他们的孩子也快参加高考了。

这些孩子有的进了政府机关，有的当了医生，有的成了教授，有的做了厨师……看到他们发展得这么好，我很高兴。我觉得一个人只要能在某个行业为他人谋幸福，只要他做得好，都值得我们夸赞。

55年来，我的初心和方向没变，目标越来越清晰。我一直以来都梦想做一位名师，不仅要将功课教好，更要让学生们取得成就。到了本世纪初，我开始慢慢自我调整，努力去做一个和学生一起追寻幸福的人。苏霍姆林斯基的观点我很赞成，教育的终极目标是追寻幸福。教师千千万，不可能人人都当特级教师，但是每一个老师都可以做一个给学生带去幸福的老师。自从想通了这点，我的方向就再没有改过，自己也一直朝这个方向努力。现在，给学生和教师带去幸福的目标愈发清晰了。

把玩进行到底，让课堂充满情趣

问：在语文教学上，您有一套自己的办法，能跟我们介绍一下吗？

答：1977年国家恢复高考，各地的重点中学考试也开始了。十一届三中全会以后，邓小平关于教育的指示当中有很重要的一段就是减轻负担。天长小学当时的校长李承龙提出了“宁丢三分，不丢方针”的口号，让我们退出升学竞争，这个消息真是爆炸性的。那时我正好又接了一个毕业班。我这个班允许孩子回答问题不必举手，站起来就可以说话，叫做抢答制度。我想让每一个孩子动起来，动口、动手、动脑。课堂里4人小组讨论，有碰撞，有争鸣，这样的课堂孩子一定喜欢。我还搞了一个“谈天说地”课，要求孩子每天尽可能地看书、看报，看《新闻联播》半小时。当然，这样占用孩子的时间难免受到质疑。我承受的压力也很大。有的说，“这样上课让孩子心玩野了”，有的说，“课堂似茶馆，纯粹是浪费时间”。但我一直相信一个趴着读书的人和站着读书的人是不一样的。当孩子站着读书，心里想到的不仅是自己的家和自己的班级，他想到的还有这个国家、这个世界，这样读书一定可以读好。一年后，这个班语文全区成绩第一，在升学考试中名列前茅。

我在这几十年的语文教学中提了几句口号。第一句口号是“玩中学，做中学，学中做，把玩进行到底”。我认为玩是儿童成长的维生素，是儿童学习和认识世界最便捷、最感兴趣的方式。

当年很多有效的改革方法，几乎都是从研究玩开始的。三年级是小学生写作的起步阶段，如果我们不让孩子写他愿意写的东西，只凭我们大人高大上的题目去框住他，他会觉得很困难，没东西可写。1982年，我开设了“玩玩说说”课。这个课其实就是教学生口语交际和写作，但是它呈现的方式是儿童喜欢的游戏，比如“吹鸡毛”“斗鸡”“盲人摸象”“我是木头人”等。当孩子们看到空中飞舞的彩色的鸡毛时，他们很兴奋。他们的情绪释放出来了，就愿意把这些东西告诉别人。

老师千万不要把教学和生活截然分开。我上课的很多内容是看浙江电视台的娱乐节目想到的。成年人玩那些游戏都玩得那么开心，我们把它儿童化，小孩子也一定会喜欢。比如吃西瓜，有的孩子在家不喜欢吃西瓜，但是在班里和大家一起吃，他就觉得很新颖，他吃出了友情的味道，感受到了课堂乐趣。吃完以后，我又安排孩子们看自己吃西瓜的视频，补了观察课，再让他们写。这样做效果真的很好。

除了“玩玩说说”课，我还倡导学生更自由、更活泼地发问，学生在课堂上有任何问题，不用举手，可以直接问，可以进行小组讨论。我看到一组数据：老师讲课时，学生们凭耳朵接受信息的能力只有5%～20%，而4人小组讨论的时候，同一时间内有两三个学生同时讲话，孩子们的参与感高了，接受知识的能力也会相应提升。这样一来，课堂教学效率就提高了。

坚持四种对话，和孩子一起寻找幸福

问：如何成为一个好的老师，您有些什么方法和建议？

答：我相信所有的孩子都想成为好学生，所有的家长都希望孩子成为好学生，所有的老师也希望学生成为好学生，所有的老师也希望自己成为好老师。那么问题出在哪里呢？我认为一个是价值观，一个是学生观，一个是质量观，认识有差异，做法大不同。

什么样的学习状态是好的？不是什么都听老师的就是好的，而是让孩子们自己动起来。这是我从这几十年的教学实践当中提炼出的结论。

我经常跟年轻老师讲的一句话是，千万不能把工作和生活截然分开。我跟我的学员打过这样的比方：工作是一块豆腐，生活是肉汤。你要把工作这块豆腐浸润在生活这碗肉汤里，豆腐才有滋味。你如果把工作和生活截然分开，豆腐就干掉了，肉汤也没东西可捞了。工作和生活相融在一起，相互促进的状态，一定能够把我们的思路打开。

我觉得对老师来讲，一定要因材施教，进行差异教学。一个班45个孩子，个个都很好，可能吗？这是不可能的。“没有教不好的孩子，只有不会教的老师”，这句话经不起推敲。我们可以改一下，没有不想进步的学生，只要老师肯动脑筋，总能帮助孩子取得进步。在上世纪80年代，我有一个语文作业优化探索的课题。我当时提出了一个观点，就是老师要根据教材和教学目标，设计多层次、有差异、学生可以自主选择的弹性作业。这个作业不是一刀切的，不是全班45个孩子都做一样的作业，而是把它分成ABC，让学生自由地选择。这样做的好处是老师可以照顾到每个学生的差异，帮助他们成长。

1986年，我评上了特级教师。当时我在天长小学新接手了一个班，教师节的时候，班里有个小女孩给我送了一条手帕，上面是她画的金鱼，还有她外公的题字。她很喜欢语文，也很喜欢画画，我一直鼓励她画画。我觉得小孩子有什么兴趣，我们都应该支持，不要只想着成绩。她送我的这条手帕，我一直留着。我搬过五次家，可每次我都会带着它。十几年以后，她考上了美术系，毕业后又回到天长小学担任美术老师，她女儿现在也在天长小学上三年级。看到天长的学生毕业以后又开始反哺天长，我真的很开心。

教师想提高自己的能力，一定要坚持做好四个对话。第一，坚持和自己对话。人需要重读自己，反思自己，看自己哪些方面做得不错，哪些地方还需要提高，经常反思才能促进自己不断成长。第二，坚持和儿童对话。要读懂儿童，只有读懂了儿童，课才能上好，效果才会好。第三，坚持和伙伴对话。学校里那么多老师、同事，一定有值得学习的地方，而且大家都愿意和你在一起，都愿意帮你，你的生活品质也会提高。第四，坚持和理论对话，就是要多读书。书读多了，你的心胸自然就开阔了，眼界自然也变高了。做好这四个方面，我们的老师一定可以成为一个幸福的老师。

教师不是苦行僧，不要把做教育工作当作凄苦清冷的事。教师不是蜡烛，而应当是火把，点燃学生，照亮自己，带着学生一起去寻找幸福。教师不能只是做一桶水，哪怕你这桶够大够深，陈腐的、死寂的水也是没用的，教师要做鲜活的、清澈的长流水。教师的教育教学方式、工作方式、思维方式和生活方式有了正向的改变，才能和学生一起追寻到幸福。作为一个老师，请你充满爱。爱学生，爱生活，爱自己，努力提高你爱别人的能力，努力改善你爱别人的方式。己所不欲勿施于人，这一点我认为绝大部分的人都能做到。我还想补充一句，己之所爱莫强施于人。你很喜欢这个，但是不要把你喜欢的东西一股脑地硬加到学生头上。萝卜青菜，各有所爱，要保护儿童的兴趣和爱好。

我觉得优秀教师的优秀体现在所教的学生身上。我希望所有的老师都能在普普通通的繁忙中，体会到真真切切的幸福。

秦　丽

杭州师范大学附属中学副校长、新疆部主管

新疆娃娃的“妈妈”

曾获荣誉：浙江省“师德楷模”，杭州市教育系统教坛新秀，杭州市第二层次跨世纪学科带头人。

杭师大附中的新疆班

问：杭州师范大学附属中学的新疆班是怎么创办起来的？

答：2000年，为了支持国家西部大开发战略，为少数民族培养人才，全国12个城市的13所学校开办了内地新疆高中班（简称内高班），我们杭师大附中就是其中之一。

当时因为从来没有进行过类似的涉及少数民族学生的教育，所以对新疆班学生的教育管理确实是一片茫然，最初都是摸着石头过河。一路走到今天，有了18年的历史，积累了很多经验，也培养了很多人才。截至目前，已有1900多名学生在杭师大附中新疆班顺利毕业，并且考上了他们理想的大学。

不放弃任何一个学生

问：学校在创办新疆班的过程中遇到了哪些困难？您是怎么克服的？

答：最初接收这些学生的时候，遇到了许多困难。

首先是生活上的困难。新疆的孩子不太能适应杭州夏天炎热的天气。我们是每年8月底把学生们接来，他们一下火车，迎面扑来的就是那种闷热的热气。学生们说，这个地方怎么能住，气都喘不过来。新疆的气候是干燥的，和杭州完全不一样，所以他们一来首先要过生活关。我们老师在这方面要给予他们很多的关照，要手把手地教他们怎么生活，怎么去适应闷热的气候带来的生理上的不适，甚至怎么洗衣服等日常小事。

其次是学习上的困难。因为新疆的基础教育相对薄弱，所以学生们刚来的时候学科基础知识掌握得不太好。再加上从小学习和生活的环境中普通话使用得较少，他们中有一部分甚至听不懂普通话，第一步要过的就是语言关。在第一年的预科里，他们不仅要完成数学、物理、化学等知识上的衔接，还要加强语言学习。有些学生的普通话甚至要从拼音开始学。不仅学生不适应，老师也极为不适应，双方都要磨合。

除了正常的教学以外，我们很多老师还要像爸爸妈妈一样，帮助学生们适应心理的变化。不少学生从来没有离开过父母，没有离开过家乡，是第一次赶了四五千公里的路程来到杭州学习。加上少数民族的孩子家庭观念比较强，他们对父母和兄弟姐妹非常依恋，会特别想家。

第一次远离家乡的学生因为不适应异地生活，有些学生经常偷偷地哭，因此学校专门安排了心理辅导老师对他们进行辅导，也安排同样离家在外的学长学姐们来跟他们交流，用自己的亲身经历告诉他们怎样尽快适应。为了让学生们能有一种家庭的归属感，老师们会把自己当作他们的父母一样，学生有什么需求和困难，都会及时去帮他们解决，帮他们克服。

不少学生还会面临这样的问题——在新疆要考上内高班，难度很大，考上的学生在原来的学校里是“学霸”，但是到了杭州，大家都是“学霸”，优越感没有了，失落感就出来了。这种心理上的落差在学习上体现得很明显，成绩一出来，便更难以接受了。

面对这样的学生，除了生活上的关心之外，老师还要偷偷给他们“开小灶”。在成绩有所起色的时候，要给予更多的鼓励。我记得有个学生刚来时成绩很差，甚至考到全年级倒数第五，老师跟他进行了长时间的对话，之后他的成绩慢慢有了起色，最终高考考了全年级第一，顺利考入北京大学。这个学生的经历给了我很大的触动，我常对自己说，决不能放弃任何一个成绩不好的学生，因为没准儿他们会因为我的不放弃，带来让人意想不到的惊喜。

新疆班的成果

问：新疆班取得了哪些成果？

答：得益于浙江省的高考改革，最近一届新疆班的学生高考的状况非常好，有95.5%的一本率，80%的学生考入了985、211高校。

每一年，学校都会有主题教育活动，老师们会带一些优秀的学生到北京，由北京航空航天大学的专家专门给他们开讲座，也会带他们去清华大学、北京大学，还有国家博物馆等地方参观考察。有一年参观清华大学的时候，有个学生暗暗定下目标，一定要考上清华大学。此后他一直以此激励自己，最终如愿以偿。全校师生也都为他骄傲。今年春节期间，老师们带了新的一届学生去北京参加主题活动时，特意到清华大学去看望他。

新疆班一直以来的培养主题是“明达之识，感恩之心，担当之才”。说起来容易，做起来难。我最高兴的是有毕业的学生告诉我，他要回新疆去了，回去办学，回去当老师，回去当医生，回去带着家乡父老一起致富……这种告别，我感觉特别温暖，因为他们已经把我当作家人，当作长辈。

夏茂忠

杭州市旅游职业学校原校长

“侠骨丹心”——职教路上的追梦人

曾获荣誉：全国职业教育先进工作者，中国职业教育百名杰出校长，浙江省特级教师，杭州市第二届中小学十佳校长。

享受杭州市政府特殊津贴。

曾任杭州市旅游职业学校校长，杭州市电子信息职业学校校长，杭州市交通职业高级中学校长，杭州市特级教师协会副理事长。

克难攻坚　殚精竭力谋发展

问：您是如何走上职业教育的道路的？能跟我们分享一下吗？

答：做一名人民教师一直是我的梦想。1975年高中毕业我就回老家，在一所中学做了民办教师。1977年恢复高考后，我顺其自然报考了师范学校，接受了这方面的教育。那时候我觉得，能够做一名优秀的老师，一名让家长和学生满意、喜欢的好老师是一件特别有意义的事。所以在40多年的任教生涯中，我也一直在往这个方向努力。

师范学校毕业后，我就留在了杭州，在杭州江滨中学任教。那时候，国家为了摆脱“千军万马过独木桥”的高考格局，开始推进高中段的教育结构改革，鼓励一些中学转办职业教育。当时的江滨中学受生源和办学条件的限制，压力很大，所以学校便决定响应教育部的号召，探索一条办职业教育的道路。

探索职业教育，学校从零开始。那时，学校办了一个西点专业，但是当时国内会西点的师傅本来就少，更别说师资力量了，甚至连设备都无处可买，很多设备都是我们自己动手制作的。比如，西点课首先要有烤箱，但学校根本没钱买，也买不到，老师们只能买来电子元件自己组装。真的可以说是白手起家。

除了前期的筹备，老师们也专门找来相关的书自学。每次上课时，老师们很早就要去学校发面粉，为学生提供实训材料；课后还要把面包和蛋糕烘烤出来，进行销售。发面粉，做面包、蛋糕，还要负责销售，所以老师们的工作模式几乎都是“5+2”“白加黑”。虽然辛苦，但我们觉得很充实。

这是我初次接触职业教育，一开始不太理解，到后来发现，学生能够快乐地成长并拥有一技之长，这非常好，所以我也就逐渐适应并喜欢上了这种教育方式。

乘风借力 扬鞭奋蹄促提升

问：在过去的40多年时间里，您在不同的学校当过校长，这个过程能不能跟我们介绍一下？

答：我的经历是比较丰富的，师范毕业以后，第一站在江滨中学，然后从1986年开始，我陆续调到朝晖中学、商贸职高、交通职高、电子职高、旅游职高等学校任教。这些学校的侧重点和专业方向都不同，为了能做好工作，很多时候我需要去学习一门学科或是一门技术。不同的学校有不同的校情，特别是职业学校，每到一所新学校都会感觉自己是一个外行，这需要我不断去学习新的知识。我的老本行是教物理，但在电子职高任职的时候，需要教给学生“指向性”更明确、更适合他们的专业知识。为此，我还专门考取了高级电工技能证书。

早些年，我在交通职高任职的时候，那时候学驾驶还不是特别普及。但培养驾驶员和汽修人员，都要学专业知识。为了能更好地了解学生学习的课程，也为了能教好自己的学科，我自掏腰包去驾校报名，考取了驾驶证。实际上我没有车子，也没有这种个人需要，完全是为了做好学校的专业工作。

我换了那么多学校，接触了那么多老师，接触了许多新鲜的事物。对于我来说，每次岗位的调换都是一次学习的过程。在这个过程中，专业知识肯定有了提升，自身的教育理念也有了提升。我觉得，作为职业学校的校长，仅仅做好常规的管理工作是不够的，还需要真正了解自己学校的特长，然后发扬光大。

问：您在职业教育的管理方面有没有一些比较独特的方法？

答：在管理方面，应该说这几年我还是有一些思考，也有一些实践的。在实践当中我总结了一些经验，根据各个学校不同的校情，设置了不同的管理模式。有些学校重点推的是制度管理的办法，有些学校推的是目标激励的办法。比方说在电子职高，主要是目标激励。学校制定出短期的、中长期的规划，发展的目标，然后定期进行考核和评价，这样使学校和教职工成为利益共同体，能够形成合力，共同办好学校，让老师们有一些成就感。这种办法是非常有效的。

到了旅游职高以后，因为学校起点比较高，在全国非常有名气，是首批国家级重点学校，规模比较大，文化积淀比较深厚，内涵也比较丰富。所以在管理方面，我主要采用的是文化引领，让全员形成核心价值观，让大家能够心想到一处，力用到一处。文化引领能够内化成教师员工的自觉性，变成自觉的行为。能够发展到文化引领这样的阶段，说明学校的境界是比较高的。

改革创新 凝心聚力铸基石

问：您觉得在整个中国的教育大环境当中，职业学校的地位和角色是怎么样的？

答：我认为职业学校要承担起教育的两大职能。第一大职能是要培养高技能的实用型劳动者。第二大职能是要培养高素质的合格的公民。在当前中国的教育大环境下，职业教育是不可或缺的，它是整个国民教育重要的一个组成部分，而且职业教育没办法替代，职业学校也没有办法替代。不仅如此，职业学校还应该办得更好、办得更大，为现代社会的发展，为我们实现中华民族伟大复兴的梦想，贡献力量。

但是现在很多家长、考生，因为对我们国家的职业教育、职业学校了解不够，认为报考职业学校不是最好的选择，有的家长还会觉得面子上过不去。我觉得这其实是一种片面的认识。不同的国家国情不同，职业教育办学的情况是不一样的。西方国家，比方说德国，二战以后，政府一直比较重视职业教育的发展，把职业教育看成德国经济腾飞的法宝。通过职业教育，他们培养了大量优秀的劳动者。德国的产品之所以能销往世界各地，形成品牌，大家用他们的产品非常放心，主要就是因为有这些高技能的劳动者在背后做支撑。近40年来，我们国家对职业教育还是非常重视的，这几年，也在与国际接轨，向国外学习职业教育的经验。我国职业学校的办学水平、师资队伍的建设、职业实训的设施设备，在某种程度上，甚至已经超过了职业教育比较发达的国家的水平。我相信我们国家的职业教育会有很好的发展前景。

国内外比较起来，还有一点非常不同：国外的家长对职业教育的认可程度，比我们国家的家长要高很多。国外基本上是由学生自己来选择，学校来推荐，家长一般不会左右学生的选择。但是在我们国家，家长的意志很强，孩子报考什么一定要按照家长的意思来。而且社会对职业教育的认识还存在相当大的偏差。所以我们国家今后要进一步发展职业教育，社会也要加强对职业教育的认识。一方面要通过政府的重视，另一方面要加强社会舆论的引导，让家长对职业教育有高度的认可，支持自己的孩子去读适合他的学校。我期待着职业教育有更好的发展，能够培养更多国家发展需要的高技能的实用型、应用型人才。我相信职业教育的明天会更加美好。

03

追求一流的教育

让每一个孩子都能走出自己的精彩人生

叶高炎

杭州市中策职业学校原校长

让中职生走出自己的精彩人生

曾获荣誉：杭州市劳动模范，杭州市优秀校长，杭州市教育标兵，多次获得国家级和省级教学成果奖。

杭州市第九届人大代表。享受国务院政府特殊津贴。

山村里走出来的高材生

问：您1967年杭州大学毕业，从那之后您是怎样当上一名老师的，又是如何转到职业学校的？

答：20世纪40年代，我出生在浙南的一个小山村，祖上四代都以务农为生。那时候一个农家孩子能够上大学，全靠国家培养。大学期间的伙食费全靠国家助学金，每个月还有补助的2块钱生活费，对此我十分感恩。我在大学期间就加入了中国共产党，并立志将来要回报祖国。

大学毕业分配工作时，我就做好了心理准备：党指向哪里，我就奔向哪里，完全服从组织安排。毕业之后，我被分配到杭州瑞金中学。对这份工作，我十分珍惜，从普通教师到校办主任，到教导主任，再到副校长，我始终兢兢业业、默默奉献。在任职教导主任期间，全部的课程表都由我亲自编排，所以常常工作到深夜。

1985年，杭州市教育局调我到杭州红星职高任校长。当时学校开设了美工、电工、家电等专业，主要培养有文化、懂技术、会操作的一线技能型人才。从1985年到2003年，18年间，我带领全校师生团结奋进、改革创新，把一所名不见经传的弄堂小学校建设成声名远扬的国家级重点学校。为什么说它是一所弄堂小学校？因为当时的红星职高坐落在城站火车站旁边，校园占地面积只有4.9亩。

当时学校的条件很差，经费困难，要让学生实习，让学生动手，需要设备，需要材料，怎么办？我的回答是：自己动手，劳动建校，培养过硬的手头功夫。比如家电、电工实习需要大量的器材，费用很大。为节省开支，我联系了杭州电缆厂，带领师生们从该厂的废料堆里面，把废旧电线一根根梳理出来，拿回学校用来练习焊接的基本功。比如钳工实习需要钢材，我就和兄弟单位联系，亲自踩了三轮车，把废旧钢材运回学校，锯成一段段的，让学生动手制作成鸭嘴榔头等。寒暑假，我会带领师生自力更生，建设学校的实习工厂，不花国家一分钱。其他的电工工厂、家电实习工厂也都是师生们亲自动手建成的。我觉得自己动手，劳动建校，不仅锤炼了学生的手头功夫，还培养了学生艰苦创业和热爱职业的精神。

20世纪八九十年代，我们学校的毕业生动手能力很强，职业素养也很好。跟踪调查表明，企业对96.6%的学生感到很满意，2.8%基本满意。这些数据和评价有力地证明了职业学校培养的人才对企业非常实用，也消除了对职业教育的一些社会偏见。1991年，红星职高被评为全国职业技术教育先进单位，这是当时职业教育的最高荣誉，全浙江省只有两所学校获评。我本人也在1991年被评为“杭州市劳动模范”。

职业教育关乎“国计民生”

问：您觉得职业教育的重要性体现在哪里？

答：党和国家始终把发展职业教育放在战略位置上，因为它关系到劳动大军的整体素质，关系到中国制造能否在世界上立足，关系到老百姓就业和民生，所以它是一个国计民生工程。在红星职高创办初期，社会上对职业教育是存有偏见的，总认为职业教育是二等教育。我坚持用事实说话，强化实践教学环节，全身心投入教学，提高教学质量。当时浙江省教育厅招待所因为电线老化需要更新，我们学校电工班的学生就承接了这项任务。在专业老师和电工师傅的指导下，学生们出色地完成了任务。师生们认真的态度和精湛的技能，受到了一致好评。

20世纪八九十年代，我们学校的职业班是跟企业合办的，校企共同培养人才。学生毕业实习由企业领导跟学校联系，带到工厂后师徒结对，下车间实习。毕业就是就业。那个时候，我们学校每一两年都要在浙江展览馆和延安路的科技馆举办教学成果展览，用图片等形式，展示学校的教学成果和毕业生优秀事迹。每年的学雷锋日、“五一”国际劳动节，都要在武林广场、吴山广场举办为民服务活动，让师生们用所学的专业知识和技能为市民服务。

我觉得职业教育好不好，毕业生实不实用，企业最有发言权。我们的学生因为有很强的动手能力和适应职业、岗位的能力，所以受到企业欢迎。这样就逐步消除了人们对职业教育的偏见和歧视。正因为我们学校培养的学生技术过硬、本领扎实，再加上校企联动的教学方式，让大家看到了职业教育对于社会的重要性。

1996年，我们学校收到了香港中策集团1000万元的捐赠。为什么他们愿意捐给我们，而不捐给其他学校呢？因为当时我们学校已经是首批国家级重点中等职业学校，是全国职业教育的红旗单位，是全省职业教育的一面红旗。我们抓住这个机遇，对校园进行了改造升级，改造后的学校占地70亩。到2000年，学校的班级数达到45个，在校生2200名左右。2001年，我们跟当时的烹饪职高合并，学校更名为杭州市中策职业学校，全校班级数达到了82个，在校生3750名左右，成为杭城名副其实的职教航母。

杭州职业教育的发展历程

问：您觉得改革开放40年来，职业教育的发展历程是怎样的？未来职业教育又会走向何方？

答：我认为改革开放40年来，杭州职业教育的发展历程就是一个不断创新创业的过程。从无到有，从小到大，从大到强，从强到优、到特，至少经历了四五次创业。变化最大的，我觉得主要有以下三个方面：

一是学校的办学条件好了，长期以来职业教育基础设施薄弱的局面得到了根本改善，职业教育的经费得到了切实保障。比如现在职业学校的实习工厂、实习设备都已经智能化、信息化、现代化，和我们当年相比有着天壤之别。当然我觉得虽然条件越来越好，但是我们这种艰苦创业、劳动建校的精神不能丢。学校提供给学生实习的仪器设备一定要实在实用，要防止华而不实，中看不中用，要让学生手脑并用，练就过硬的手头功夫。工匠精神才是真正的职业教育精神。家有万金不如一技在身，技能是一辈子都打不破的铁饭碗。

二是现在的职业教育已经拥有了一支数量充足、素质良好的专业教师队伍，并且形成了一个以正高、特级教师为主的大师级的名师群体。这是职业教育的宝贵财富，为杭州现代职业教育的加快发展提供了坚实的人才保障。回顾职高创办初期，那个时候是“三无”：一无专业教材，二无专业教师，三无专业设备，那样的困境我们都闯过来了。现在有这么好的条件，我们更应该把职业教育办好，让职业教育响起来、亮起来、强起来。我认为师资队伍建设是职业教育的重中之重，无论怎么强调都不过分。所以我希望中职学校要进一步加强师资队伍的培养建设，形成特别有爱心、特别有经验、特别有方法的专业教师队伍，全面提高我们的教学质量。

三是现在中职教育已经占据了高中段教育的半壁江山，毕业生的成才路径已经四通八达，职业通道也越来越畅通。一届又一届的毕业生或者就业或者升学，或者创业或者留学，从容地走向社会，拥抱灿烂的人生。

我认为在新的形势下，职业教育的终极目标是培养学生的核心素养，核心力量，要助力学生全面发展，终身发展。所以我们学校要把提高质量放在首位，坚持立德树人，让同学们知道，做人是做事的基础，要成才，就要先成人。在职场，技能素质是铁饭碗，综合素质才是金饭碗。

现如今，职业教育的氛围和社会对职业教育的认识已经有了很大改变，职业教育的政策和法规，也逐步从碎片化走向系统化，职业教育的人才培养质量也有了很大提高。但在中国教育体系中，职业教育仍然是薄弱环节。这就要求我们进一步牢固确立职业教育在人才培养体系中的重要位置，进一步提高职业教育的教学水平，积极推进高中段职普教育、促使职业教育与普通教育协调发展，不断完善招生制度，让每一个学生都有平等选择的机会，让每一个学生都能够接受公平而有质量的教育。

陈燕君

杭州第十四中学英语教师

做一名从细微之处见极致的好老师

曾获荣誉：杭州市教坛新秀，杭州市优秀教师，杭州市第四届师德先进个人。

不断地锻炼"小肌肉"

问：您成为一名教师的初心是什么?

答：刚开始做老师可能是受到我初中班主任的影响吧。初中的时候，因为一些小事我跟同班同学产生了矛盾，被同学排斥了很久，就不想去上学了。班主任知道后专门来家访，做我的思想工作，还带着同学来安抚我，让我消除了郁闷的心情。正是因为这位初中班主任，让我开始向往“教师”这个职业。所以我现在想起来还是很感激这位老师的。我觉得作为一名老师，不仅要给孩子们传授知识，还要让他们健康成长。带着这份初心，毕业后，我就正式走上了教师岗位。

我在江城中学做了六年教师后，来到杭州第十四中学，并在这里一直任教至今。优质的学生资源对教师提出了更高的要求。记得我来学校的第一年就被分配去教高三英语。学生们都善学好问，在课堂上经常会问一些不在我备课范畴内的问题，使我一时答不上来。一时间，我对自己是不是一个合格的老师产生了怀疑。在我迷惘的时候，时任十四中校长的孙祖瑛老师对我进行了鼓励和指点，让我找准了方向。

我清楚地记得孙校长对我说，当一名好老师，要不断地锻炼自己的“小肌肉”。所谓“小肌肉”就是基本功。意思是，在备课的时候，不仅要备考纲要求的知识，还要备不同学生可能提出的不同问题，这样才能成长。

听了孙校长的指点后，我感觉自己付出的还远远不够。所以在备课之余，我开始换位思考，把自己想象成一名学生，想象自己可能会问的问题。经过一段时间的沉淀后，我慢慢适应了教学的节奏。那段时间成为我成长最快的阶段。这也给我带来了很大的动力，让我觉得一定要在自己的本行做出一番成绩，成为一名教好书育好人的好老师。就这样，我一直坚持到现在。

每个孩子都是"一颗种子"

问：能不能跟我们分享一下您在教学和育人方面的经验？

答：在教学方面，我觉得要提高学生的成绩，关注"两头"会起到不错的效果。"两头"的"上头"，指的是成绩名列前茅的学生。他们很优秀，而教师的工作是要把他们培养成社会需要的人才，这就需要教师特别关注他们，不仅要关注他们的成绩，更要关注他们的心理。"两头"的"下头"，指的是成绩不尽如人意的学生。他们的问题一般不会出在接受知识的能力方面，而是出在自信心不足所引起的心理问题。他们来自各个学校，曾经也可能是成绩不错的学生，来了十四中之后会有落差感，然后逐渐形成恶性循环。老师就要帮助他们解决这些心理问题。有的时候，关注了这"两头"，中间的自然而然也就带上去了。

说到学生的心理问题，我记得在我的班上，曾经有个休学一年的“问题生”，在学校征求年级意见时，我毫不犹豫地接纳了他。经过一段时间调研，我发现了这个孩子的闪光点：喜欢生物、热心肠、乐于助人。于是，我果断让他担任生物课代表，并和每一个任课教师打了招呼，在学习和生活方面多鼓励支持他。高考前夕，这个孩子因为考前焦虑产生了强烈的情绪波动，做出一些怪异的举动，比如砸坏学校的柜子，半夜离家出走，甚至做出一些极端的行为。这个孩子完全不理会家长的劝诫，甚至非常反感家长对他的任何干涉，家长也无能为力，每天惶恐地担心他随时可能爆发的危机。想到这个学生的问题，我整晚都睡不好。我知道，每个孩子都是家里的希望，挽救一个孩子就是挽救了整个家庭，所以我一定要尽我所能去帮助他。我一次次地开导孩子，一次次与其父母沟通，不断和学校领导及心理老师交流，共同商讨帮助计划，引导学生走出心理的困惑。高三最后一年，我几乎天天陪伴着这个学生，有时半夜三更还要赶到学校，与家长一起寻找离家出走的他。高考时，为了防止这个学生在考试期间突发情绪问题，影响其他学生，在学校领导的关心支持下，我们单独为他制定了应考方案。最终这个学生以平稳的状态参加了高考，并以达到一本线的成绩考上了一所不错的大学。现在他在大学里担任团支部书记的职务。这对我来说是非常欣慰的事情。

我觉得每个孩子都是一颗种子，只是花期不同。所以每一个孩子都需要我们老师精心地呵护，静静地等待，总有一天，他们都会开花结果。

要给孩子一杯水，老师要有一桶水

问：您觉得这几十年时间的变化，对老师来说有哪些挑战？

答：随着时代的发展，教师要胜任自己的工作，就要不断地更新自己的知识，要与时俱进。前些年，浙江实施了高考改革。考试方式完全改变了，从原来的文理科，到现在的“七选三”，学生们自主选择的余地更大了，老师们的责任也更大了。自从高考改革以来，老师们需要关注的内容更多了，除了文化课以外，还要了解学生们的兴趣、爱好和特长，帮助他们一起规划选课，甚至连今后的就业问题也需要为他们出谋划策。教育专家经常会说，要给孩子一杯水，老师自己要有一桶水。但现在看这句话，我认为还要补充的就是，社会和教育发展得那么快，老师的这一桶水要不断地更换，不断地吸收更多的养分。这桶水应该是有营养的，是长流的，而不是一桶死水。所以，这对我们老师来说肯定是很大的挑战。

除了要给孩子们输送养分之外，老师还要做好家长和孩子之间的黏合剂，要成为家长、学生、学校之间沟通的一个桥梁。尤其是到了高三，“金榜题名”这种传统的思想在家长和孩子的心里还是根深蒂固地存在的，这无形当中就给家长、孩子带来很大的压力。作为老师，就应该做好一些疏导沟通的工作。我经常会跟家长说，要给孩子们创造一个和谐、宽松的学习氛围。不要给他们施加压力，让孩子能够树立正确的价值观、人生观。毕竟高三一次次的月考，包括高考，都不是学习的结束，孩子今后的路还很长。但有的时候，家长真的很着急，只要考试考得好，孩子的缺点都可以忽略不计，而一旦考得不好，家长的焦虑会超过孩子。所以我经常会给家长上课，帮助他们疏导这种情绪。这其实也不是那么容易做的，对我来说也是挑战。

做了这么多年的老师，带出一届又一届的学生，虽然很辛苦，但是我很快乐。我现在的期待就是，在有限的教育生涯当中，执着地做好自己的工作，同时也会把我这么多年积累的一些经验传承下去，让年轻老师更快地成长，让我们的教育有更大的发展。

周建松

杭州市下城区教师教育学院原校长

做一名培养名师的“伯乐”

曾获荣誉：浙江省特级教师，杭州市中小学幼儿教师第二届优秀园丁。

曾任浙江省小学数学教学研究会常务理事，浙江省中小学教材审定委员会委员，杭州市小学数学教学研究会副会长。

从数学老师到教研员

问：您觉得当老师和当教研员有些什么样的不同？感受最深的是什么？

答：1963年我从杭州师范学校毕业，被分配到杭州市下城区东园巷小学，也就是现在的东园小学，担任数学教师。对我来说，当一名教师是我儿时的梦想。走上工作岗位后，我当时的想法很纯粹，就是要把工作干好，报答党和人民对我的培养。我在东园小学待了一年之后，第二年就被调到了长寿桥小学，做大队辅导员和数学老师。1978年我被调到教研室，做小学数学教研员。教研员，顾名思义，就是教学研究人员，职能是跟老师一起，研究教学方法，提高老师的教学水平，提升教学质量。

对我来说，这份工作比起教师，又多了一份责任。1966年到1976年这十年，社会环境对教育的破坏很严重，教学队伍出现了一个断层，所以我觉得责任很重。教研员既然要去指导老师，就必须提高自己的教学理论水平。我当时学习是很认真的，杂志上看到好的文章，我会反复研读，还把精彩的内容摘抄在笔记本上。遇见资历老的教研员，我就缠着他们，向他们请教专业知识。四处听课也成了我的家常便饭。我觉得既然是一份工作，就一定要把它做好。做教育工作不能打“马虎眼”，教研员更是如此，因为我们担负着教育祖国下一代的重任。

我后来做了二十五年的教研员。教研员跟老师是有区别的，但又是跟老师融合在一起的。做教研员要指导教师，特别是培养年轻教师成长。我印象最深的有两位老师。一位是丁杭缨老师，她当时是长寿桥小学的数学教师，基本素质比较好，讲课清楚，板书很整洁，也能够调动学生的积极性。所以我经常请她在年级里上研究课，推荐她跟杭州市十三个县、区的小学数学老师举行课堂教学比赛，反映都是比较好的。她现在已经被评为特级教师了，而且是正高级教师，担任长江实验小学的校长。另一位是斯苗儿老师，她是1988年从杭州大学教育系毕业的高材生，被分配到安吉路实验学校做数学老师。当时大学本科生做小学数学老师是很稀罕的，她认认真真做了三年。后来我们把她调到教研室，带她到学校听课，让她宣讲，她成长进步得很快。现在她可以说是小学数学教育界的权威人物，还参加了全国教材的编写。这两位年轻教师的成长，我们教研员起到了一定的作用。现在她们两个比我优秀得多，我为她们感到自豪和骄傲。当然除了她们，作为教研员，我还培养、促进了很多年轻教师的成长。

教师间互相学习不可少

问：您觉得什么样的老师才算是优秀的老师？应该如何来培养一名教师？

答：我觉得评价一个老师是否优秀，主要看以下四点：

一是要爱学生，爱所有的学生。不管是听话的，还是比较顽皮的，也不管是学习成绩比较好的，还是成绩不好的，作为老师，都应该关心他，爱护他，要能发现所有学生身上的闪光点。对于学习成绩中下的学生，更应该多表扬少批评，激发他们的学习兴趣和自信心。所以我觉得一个好老师首先一定要爱学生。

二是要虚心好学，向优秀的老教师学习，甚至向学生学习。我觉得有一个岗位，每个年轻教师都应该去锻炼一下，就是班主任。班主任可以说是学校最重要的岗位，接触的学生多，能够发现学生的很多问题，对老师提高教学水平是很有好处的。

三是一定要把课上好，这是老师的基本工作。优秀的老师要去钻研教材、教法，提高自己的理论水平。

四是要勤动笔，勤总结，在教育刊物上发表总结教学经验的论文。浙江省教学研究当时虽然有两份教育刊物，但对教师来讲其实是很难文章发表的。我们区就给老师创造机会——每两年搞一次课堂教学评优教研活动，然后把活动成果集合起来，编成一本《教学火花》，使老师们的经验总结能够发表。毫不夸张地说，我们区的优秀教师都在《教学火花》上发表过文章。

年轻教师要成为一名优秀教师，我觉得以上这四点是很重要的。

如何让老师进步，我认为共同交流和学习是必不可少的。老师之间一定要相互听课、评课，这是互相进步的一个好方法。老师在备课教学的过程中，绝对不能局限在自己的思维中，只有和别的老师多互动，才能从一个更广的角度看到自己授课过程中的不足。

在互相学习的基础上，我建议推进小课题的研究。所谓小课题研究就是把一些相对宏观或是抽象的课题微观化、具象化。比方说，一台电风扇，降价五分之一，现在是120元，问原价是多少？这涉及分数除法应用题，也就是$120\div(1-\frac{1}{5})$解。教材也提出可用方程$x(1-\frac{1}{5})=120$来解，但对孩子们来说仍显得抽象。如果转化成$x-\frac{1}{5}x=120$这种方程，孩子们就比较好理解了，当时，我和基层的老师做了一个实验，分别用两种方程解法去教两个班，后一种解法的接受率明显高不少。

后来，我和同事们把这个实验写成报告，发表在《中国小学数学教育》刊物上，在省市评比中都获了奖。这种授课方法也在浙江多个小学中广泛应用。

改革开放40年，教育水平有了质的飞越

问：改革开放40年，您觉得给教育带来最大的变化是什么？您感受最深的是什么？

答：我感受最深的是改革开放40年对教育的极大促进，中国教育水平有了质的飞越。我作为改革开放的亲历者，看着中国的教育水平越来越高，这是最幸福的事。

硬件方面，现在杭州下城区每一所小学，都很现代化，有操

场，有塑胶跑道，有很多专用教室。我做老师的时候，东园小学、长寿桥小学都只有一间音乐教室，这已经是当时条件比较好的学校了。我觉得教育的硬件配备很重要，它能让学生有更好的学习环境，也能让他们对上学产生更大的兴趣。

另一方面是教育理念的提升，从当初的“唯考论”到现在注重学生综合素质的培养，全面评价学生，注重学生能力的提高，教学理念已经在潜移默化中发生了改变。同时，年轻教师的成长也是改革开放的一个重要成果。

改革开放在继续，教育改革也在继续。这说明我们的教育体制还存在问题。但我相信我们的改革在正轨上，我们的教育会越来越好！

洪佳琳

杭州市杨绫子学校原校长

办一流的特殊教育学校

曾获荣誉：全国优秀特殊教育工作者，全国江民特教园丁奖，全国巾帼建功标兵，浙江省特级教师，浙江省春蚕奖，杭州市十佳校长等。

浙江省第十二次党代会代表，杭州市第十次党代会代表，杭州市第十届人大代表。

全国特殊教育研究会副秘书长，培智教育专业委员会主任，国家教育部培智学校课程标准研制专家组副组长，培智学校语文课程标准研制组组长，浙江省特殊教育研究会第二、三、四届会长。曾任浙江省智障教育资源中心主任，杭州市智障教育资源中心主任，浙江省特殊教育指导中心常务副主任。浙江省培智学校《生活语文》教材（1—18册）主编。

摸着石头过河

问：您踏入教育行业多少年了？为什么会走上特殊教育的道路呢？

答：我是1978年踏入教育行业的，至今刚好40年。因为我的母亲是教师，受她的影响，当老师也是我的一个心愿。最初我在杭州上城区小营小学任教，曾任班主任兼语文老师，也教过数学、英语等学科。刚开始做老师，心里就想着要做一个好老师，要给孩子们一个快乐的童年，要为他们今后的发展打下良好的基础。

1984年，领导任命我为紫金观巷小学联合支部书记。杨绫子学校于1984年建校，是联合支部下属的一所学校。也许是由于我对学校的情况比较熟悉，1987年我被任命为杨绫子学校校长兼书记。之后20年，我就一直在这所学校工作，没有再换过地方。

之前，我在普通学校接触的都是聪明伶俐的孩子，而杨绫子学校招收的是中重度的智力残疾儿童，到了杨绫子学校，看到这些孩子，我很震惊。在望子成龙、望女成凤的年代，家里如果有一个残疾孩子，整个家的天就塌了。当了解到有的家庭一家三代有三个残疾人，我的心灵受到了深深的震撼。一个智障儿童的教育，关系到一个家庭几代人的欢乐与幸福。我当时就感到责任重大，一定要办好这所学校。

智障儿童教育在我国起步较晚，1979年全国才有第一所智障儿童教育学校。杨绫子学校于1984年建校。这样的孩子到底有没有接受教育的能力，大家都没有探索过，没有任何经验可借鉴。有人说，中重度智障孩子智力能力实在太低，不用办学校，将他们送去福利院管管就可以了。但当时我们的教育局局长说还是要尝试着走这条路，要让这样的孩子也能接受好的教育。

创办之初，这条路到底该怎么走，我们心里都没有底，都是摸着石头过河。杨绫子学校刚建校时是一所弄堂小学，占地2.4亩，教学楼只有350平方米，2个班，24位学生，4位老师，是一个迷你型的特殊教育学校。建校时学校是按六年制设计的，相当于小学的配置。但是，小学六年教育结束以后，这些孩子到哪里去呢？普通的初中很难接纳他们，他们没有可以继续就读的地方。当时已经普及九年义务教育，所以我们就申请办成九年一贯制的培智学校。1989年，经上级教育行政部门批准，杨绫子学校从六年制改为九年制的特殊教育学校。让每一位智障儿童都能接受九年义务教育，这是我们在探索智障教育办学体系道路上迈出的第一步。

对于普通的孩子来说，九年义务教育结束之后他们可以上普通高中，也可以读职高，有很多教育机会可以选择。当时全国尚没有为智障者开办的高中段教育，对这些智障孩子来说，九年义务教育结束就意味着他们学校教育的终结，没有适合的学校可以继续就读，也没有哪个单位会接受他们，升学无门，就业无路，他们只能再次回到家中，由家人照顾着度日。所以我觉得，特殊教育并不只是解决这个群体几年之内的教育问题，而是要为他们今后能回归主流、适应生活，最终走向社会奠定基础。

九年义务教育+职业教育　搭建智障学生成长之路

问：对这些特殊孩子的教育模式是什么样的？您可以给我们介绍一下吗？

答：我们一直在说教育公平，当社会发展已达到十五年教育普及化的水平时，我觉得教育公平应体现在让特殊儿童也能享有十五年教育的权利上。残疾儿童的教育应像正常儿童一样，从小学、初中到高中，有完善的教育体系。“九五”期间，我们做了一个大胆的尝试，提出了创办智障学生职业高中培训部的设想，以推进智障教育向高中段延伸。但当时社会的舆论是这些孩子即使接受了九年教育，认知水平最好的智障学生也达不到普通小学三年级的程度，还有什么必要再让他们去接受职业高中段的教育呢？当时我们心里也没底，他们到底有没有接受职业培训或职业教育的能力？从那年起，我们就开展了智障学生职业高中教育的实验。这个实验，是从“9+1”开始的，即九年义务教育之后加一年的职业培训。

实验前，我们做了广泛调研，了解适合智障孩子学习的专业。之后，我们首先在学校开设了九年义务教育后的高中段面点专业的职业培训实验班，含中式面点和西式面点。我们的想法是，如果他们毕业后能有机会就业，那很好。如果有些孩子以后不能就业，学习了面点专业，最起码他们生活可以自理，爸爸妈妈不在家的时候，他们能够自己做饭吃。除了面点专业外，我们还开设了一个园林花卉专业。因为想到杭州是一个旅游城市，很多市民很喜欢养花，单位里的绿化也搞得很好，今后就业的机会多。

结果那一年的实验非常成功。很多孩子通过我校的职业培训，拿到了专业技能等级考核合格证书。这说明智障孩子还是有能力接受适合他们能力的专业技能培训的。

实验的成功让我们有了信心，然后我们又持续开展了“9＋2”“9＋3”的职业高中段实验。由于实验班学生踏上社会后的优秀表现得到了社会的认可，杭州市教委批准了在杨绫子学校建职业高中部的申请。这一纸批文，填补了国内无智障教育职业高中的空白。实践证明，只要提供适合他们学习的专业、课程内容和教育方法，智障孩子也是有能力接受职业教育的。

我们学校职业高中的首届毕业生是2003届，当孩子们通过三级面点师或初级花卉工现场考核时，家长们扬眉吐气，非常高兴，孩子们也很开心。我校职业高中开办仅3年，就有28名智障学生取得杭州市劳动局颁发的三级面点师和初级花卉工的证书。首届毕业生中，有不少学生当年就找到了工作，至今工作得很好。孩子们用第一个月的工资买了糖，拿到学校分给老师们吃。那个时候我真的特别开心，特别欣慰。

我在杨绫子学校工作了20年，这期间，我们用15年的跨度做了一个课题，将培智学校的教育由义务教育阶段向两头延伸，实现了培智学校办学层次的多样化，形成了学前教育、九年义务教育和职业教育相衔接的比较完整的智障儿童的教育体系。实现了智障儿童也可以接受15年教育的梦想。这在当年，是一个重大的突破，在全国也是首创。我们的这个课题——“智障学生十五年教育模式的构建与实践研究”获得了国家教学成果二等奖，浙江省基础教育成果一等奖。

特殊教育的先行者

问：与普通孩子的教育方式相比，对特殊学校的孩子有哪些不同的教育方法？

答：虽然培智学校一个班的人数比较少，只有10个到12个左右，但这十来个学生每个人的智力障碍情况都不一样，有自闭症的，有脑瘫的，有中度智障的，有多重残疾的……如果用普通学校的方法来教育他们肯定不行。普通学校有课标、有教材，还有教参，教学资源丰富。而培智学校当时只有一个教育大纲，没有教材，这给教学带来很大的困难。培智学校采用的不是精英教育，教育目标不是培养国家的栋梁之材，而是要使这些学生成为残而有为的公民，需要对他们进行生活自理能力、社会适应能力的培养。我们探索了以生活为核心的适合培智学校学生学习的课程内容，根据智障儿童当前生活和今后生活需要的知识和技能，编写了一套我省培智学校1—9年级生活语文教材。2007年之后，学校在新校长的带领下，又编写了一套生活数学教材。这些教材经审定，已列入浙江省中小学地方课程目录。

因为每个孩子的智力障碍情况都不一样，在“十五”期间，为了提高特殊教育的教育质量，我们在学校推出了个别化教育的改革，就是要为每一位在校的培智学校学生量身定制个别化教育方案。让每一位学生能在自身的起点上有所发展。在制定个别化教育计划之前，我们要了解这个孩子各方面能力的基线，了解他教育的起点在哪里。说到培智学校的学生，大家的感觉是他什么也不行，但在培智学校，我们要求全面了解他的优、弱势能力，既要了解他的弱势方面，更要看到他的优势能力。通过科学评估，我们发现他什么方面是行的。其实培智学校的学生，也有自己的特长，有的学生艺术方面如绘画比较好，有的学生运动方面比较好，有的自闭症孩子记忆力特别好。每个孩子的特点不一样，所以我们要为每一位学生制定个别化教育计划。通过缺陷补偿，潜能开发，发挥他们的优势能力。推出个别化教育计划之后，在教学形式上也有所改变。我们实行的是班级授课制下的小组教学和个别化教学相结合的教学模式，集体授课、分层指导、个别训练三者相结合。在班级任课教师的安排上，我们推出了主辅式教学，一个班级，有两位老师同时上课，一个是主教，一个是助教。如果有的班级重度残疾儿童人数较多，则会配备两个助教。从课程的改革到教学模式的改革再到教学形式的变化，个别化教育方案的整套流程下来，能保证我们的孩子得到最适合他的教育。这种教学模式和普通学校是完全不一样的。

在培智学校的二十多年，对我们特教工作者来说，能为在校智障学生提供教育康复、训练康复、职业康复的优质服务，为促进智障孩子的健康发展打下良好的基础，让每一位智障学生能同享生活的蓝天。这是我们的心愿。

看到特殊儿童能够在校园里健康快乐地生活，走上社会后能够自信地参与社会生活，这是我们最开心最自豪的事。我们能够用优质的特殊教育改变一些特殊儿童的人生轨迹，拯救一些家庭，让孩子和家长看到希望，幸福快乐地生活，一切的辛苦就都是值得的。

高亚莲

杭州市交通职业高级中学教师

包容是最大的胸怀，真诚是最好的教育

曾获荣誉：浙江省春蚕奖，杭州市三八红旗手，杭州市首届模范班主任，杭州市优秀班主任，杭州市第六届平民英雄。

从事教育教学工作36年，担任班主任工作29年，所带的18个班级均获得杭州市先进班集体、杭州市优秀团支部的荣誉称号。

浙江省首批百名班主任工作室领衔人，杭州市教育局德育专家库成员，杭州师范大学新锐教师实践导师，杭州市首批班主任工作室领衔人。

对每一个孩子不抛弃，不放弃

问：您觉得职业高中与普通高中的教育有什么不同？

答：1995年我调入杭州市交通职业高级中学，这一年，距离我第一次走上讲台已经有13年了。当时，我国的职业教育还处于初级阶段，跟普通高中比起来，有些不一样的地方：培养目标不一样，普高重在培养知识型人才，职高重在培养专业技术性人才；课程设置和专业设置不一样，普高以学科知识体系的内部逻辑来严格设定，职高以职业岗位能力需求或能力要素为核心来设计；培养方式不一样，普高以理论知识为主，辅以实验、实习，以更好地掌握理论知识，职高重在培养学生实际岗位所需的动手能力，强调理论与实践并重。

我给自己定的目标是做一个学生喜爱的好老师。

为了能够了解每一位学生，暑假的时候，我就会拿着班级名单挨个家访；平日里放学回家，让学生带路走访住得较远的同学家。在跟家长的沟通中，我发现了一些共性的问题——职高家长的文化程度普遍不高，他们把所有的希望都寄托在老师身上，希望老师能够好好管理他们的孩子。通过跟家长和学生的交流，了解了学生的家庭背景、生活环境以及兴趣爱好，了解了家长和学生的诉求，我才能采取相应的教育方法。比如：分层教育。对成绩比较好的学生，我会鼓励他去报考高职院校；对动手能力比较强的，我就会鼓励他们参加技能大赛。

有这么一个孩子，他父母离异，跟着妈妈生活。但是妈妈的话他总是听不进去，也经常不来上学，一学期旷课四十多天。我去他家里两三次，了解了相关情况后，就采取了相应的办法——早晨他不想来上学，我就打电话叫早；下午放学后，我和他一起骑车回家，路上聊一聊今天在学校里的所学所感。就这样一直坚持了一年多，他顺利毕业了。后来他成为一名光荣的武警战士，出差来杭州时，还会来学校看望老师，这让我很欣慰。

还有一位留级的同学，经常拿着家里的钱去网吧玩游戏，夜不归宿，时不时搞失踪。我和家长一起去一家家网吧寻找，不厌其烦地做工作。最后他高三顺利毕业了，入了伍，还在部队入了党。记得在平民英雄的授奖大会上，他送给我一本好老师证，让我真的很感动。

这个年龄段的孩子有时候难免犯糊涂，但是他们今后的人生还很长，作为老师，我们能帮就帮一把，能拉就拉一把。对每一个孩子都要不抛弃、不放弃。我认为，职高班主任要以人格的力量，情感的力量感染学生，感化学生。在你的激情感召下，再困难的学生也会感动，再困难的班级也能带好。正如德国哲学家雅斯贝斯说的，真正的教育是一棵树摇动另一棵树，一朵云推动另一朵云，一个灵魂唤醒另一个灵魂。

对每一个班级有愿景，有追求

问：您是如何做好接班班主任工作的？

答：这些年，中途接班的情况并不少见。我接过普通班，也接过高职考辅导班。刚接2015级高职考辅导班的时候，学生不太接受我。因为他们的上一任班主任不仅业务水平很好，而且很年轻。学生们都比较喜欢年轻老师，对我这种五十多岁的老师总是嫌管得太多、太细。

尽管开始时不太讨学生们的喜欢，但我还是十分认真地对待班主任这个重要岗位的工作。高二时，我用了一学期，家访了班里每一位学生，最远的住在大江东，来回一百多公里。我会在放学后主动给学生们再上一节课，帮他们把基础知识慢慢补上来。到高三时，学生们的学习成绩就有了明显的提升。在专业操作考试中，我们班考了杭州市第二名，我和学生一样兴奋，还特地为他们准备了礼物，鼓励他们再接再厉。

专业考结束后，学生们全身心投入到了语文、数学等高考科目的学习上。这些科目想要提高成绩，需要花费大量的时间和精力，为此，我每天都陪着学生一直学到下午六点。虽然我只教语文，但是我认为，班主任应该和任课老师一起努力，宁可在自己的科目上少花些时间，也要帮助学生学好其他学科。所以那两年我比较辛苦，付出得比较多，但收获满满。2018年，浙江省职业学校汽车类本科共招生68名，有2人是来自我的班级，其中1人考进了前20名。

我觉得做班主任要任劳任怨，不能有半点偷懒。你偷懒了，有些学生就在你没注意的时候滑下去了，后面想要补救，反而要花更多的时间。职高班主任要用真情去陪伴，用真诚去帮助，用智慧去引导，帮助学生们实现梦想。

师生共筑梦想，培养“大国工匠”

问：在现在教育环境的大背景下，职高生未来发展的方向是什么？

答：如今，越来越多的人对职高生的看法有所转变，因此职高生在升学和就业上也有了越来越多的机会。近年来，国家政府号召培养“大国工匠”精神，实际上就是为职高生指明了未来发展方向，搭建了通向成功的平台。杭州市还专门设置了“杭州工匠”奖项，我们的学生又多了一个实现梦想的机会。我的学生中有4S店的二级经理，有销售副总，有技术总监。

让每一个高职生都有实现梦想的机会是我们师生共同的梦想。因为有梦想，我的教育教学实践有了方向；因为有梦想，我对教育教学实践有了激情；因为有梦想，我对教育教学实践才有了眷恋，才能成为学生心目中的好老师。

我有一个学生叫江海荣，今年被评为“杭州工匠”，还获得了杭州市五一劳动奖章。他是我2000级“3＋2”班级的学生，当时是被送到浙江交通职业技术学院继续学习，在交职院毕业后，他就一直坚守在汽修行业，做了十几年。他做事情很执着、认真，参加全国、省、市汽修大赛都是获一等奖。现在，学校专门为他向省里申请建立了“江海荣大师工作室”。他还有一个团队，有专项课题研究，为校企合作的班级上课，为参加技术大赛的同学做技术辅导。他是名副其实的应用型人才。

说到工匠，那么我们应该如何培养学生们的“工匠精神”呢？我认为，首先要让学生明确工匠精神的内涵。即新时代的工匠要对自己所学的专业充满乐趣和热情，专注、踏实地做好每一件事，精益求精，哪怕是一枚螺丝钉也能获得成功。其次，作为老师不仅要“言传”，还需要“身教”。要用自己在岗位上兢兢业业的行动，影响学生，让他们真正地领会工匠精神的内涵。再者，职高生除了学习技能以外，还要培养他们的可持续发展的能力，夯实学业基础，为提升他们的技能创造更大的空间。在高中阶段，我们要成为学生未来的引路人。

引领孵化辐射，传承助力成长

问：听说您带了十多位徒弟，您是如何传承助力的？

答：作为一名老班主任，不仅自己要做好，更有责任传承和助力年轻班主任，让他们更快更好地适应教育工作。多年来，我坚持关心青年教师的成长，平时他们在班主任工作中遇到困难，我就会主动关心，为他们解答疑难，指点方法，甚至亲自深入班级手把手帮助解决一个个困难。大到教育类课题的立项指导、班级重大事件的应急处理，小到班级公约的制定、班级卫生管理的方法，甚至是班级午餐环保筷子的使用，我都细致入微地对青年教师进行引导，并在日常生活中关心他们的思想变化和生活需要。真诚的沟通换来了他们的认可和肯定。我先后带过十六位徒弟，现在他们都能胜任教育教学工作，有的所带班级多次被评为市级先进班集体；有的已成为学校的中层、教研组长；有的被评为杭州市优秀教师、系统优秀共产党员、校级先进工作者和“学生最喜爱的老师”；有的徒弟也做了师父。

一对一的引导虽然直接有效，但涉及面不够广泛。为了能够更好地助力青年教师，并引导他们在共同的学习交流中迅速成长，我申请成立班主任工作室。2014年我被授予省班主任工作室领衔人称号，2015年被授予杭州市班主任工作室领衔人称号。作为领衔人，我在省、市授课50多场，辐射面不断扩大，产生了一定的影响力。2015年5月，我负责撰写的师训类课题“职高班主任技能分层培养模式的实践研究”的结题报告获市一等奖。2018年，由我负责的“‘互助式’观察的中职班主任工作室师资建设模式研究”的课题立项。目前，工作室成员正投入到观察研究中。

今后，我会继续保持这样的工作状态。对于那些在校的或已经毕业走上工作岗位的学生们，对于年轻的班主任，我相信他们在追逐梦想的路上，一定能踏踏实实地学习工作，善于合作，勇于奉献。这样他们才能在成长的道路上走得更远、更好。教育教学不仅仅是技能的传授，更是精神的传承。对学生，我一直都对他们怀揣希望；对自己，只要我还在教育岗位上，我愿意继续做班主任。

04

追求理想的教育

教书与育人，一个都不能少

田 娅

杭州市德胜小学教育集团原校长、杭州市德胜小学正校级协理员

情满校园，半生精彩绽放

曾获荣誉：浙江省春蚕奖，杭州市第九届优秀园丁，杭州市拱墅区教坛新秀。

竭尽全力做对孩子成长有利的事

问：您是哪一年走上教育岗位的，当时是一种什么样的情景？您教育的初心是什么？

答：我是1980年9月参加工作的。当时我带的第一个班级是六年级，教孩子们数学。从学生到老师，从课桌到讲台，角色的转变让我既高兴又兴奋，心中有一股要把每个孩子教好的激情和冲劲。但第一次走上讲台，仍不免紧张和忐忑，好在课前我做足了功课，不但将教学内容熟记于心，还将班上同学的名字烂熟于心。当我喊出班上一个个孩子的姓名时，我与孩子们之间的那种陌生感瞬间消失了。我喜欢上课的感觉，喜欢孩子们，即便是淘气的孩子，我也觉得很可爱。用一个时髦的词来说，这大概就是我第一次走上讲台带给我的“小确幸”吧。

回想当初之所以走上教师岗位，就是因为喜欢教师这份职业，喜欢可爱的孩子。自打走上讲台的那天起，我心中就认定我要做一名懂孩子的好老师，不能辜负他们。因此在工作中，只要是对孩子成长有利的事情我都会竭尽全力地去做，这或许就是我的初心所在吧！

十年磨一剑，砥砺前行

问：您是如何从一名教师成长为一名管理者的？

答：1997年9月起，我担任半山镇中心小学校长。半山镇中心小学地处杭城最北端，虽说是中心小学，其实规模只相当于一个完小。整个校园占地面积不到7亩，校园里只有一幢教学楼，一排低矮的平房，教学设施也相当简陋。

为创建教育强区，2001年10月，拱墅区区委、区政府决定将半山镇中心小学与半山路小学合并成为半山实验小学。合并以后，学校的规模虽然有所扩大，但是在老百姓的眼里，甚至在我自己看来，它仍然是一所农村小学。因为无论是我们的校舍、师资、生源，还是我们的教学质量都是比较薄弱的。

我带着全体老师整整努力了十年，可以说是十年磨一剑，才逐渐消除了老百姓对这所学校的刻板印象，成为老百姓心目中的优质学校。

当时有人说过这么一句话：当你想做成一件事的时候，全世界都会为你创造有利的条件。我觉得真的是这样的，因为我们正好遇上了国家推进课程改革这样一个大好的时机。所以我和教师团队紧紧抓住这样一个契机，以课程建设来撬动学校的发展。当时我们提出了“书香半小，精品半小”的办学目标，以书香育人的手段，来推进学校的发展。我们研发了《走进中国传统文化》的校本课程，让师生们去感受、了解中国传统文化的博大精深，以及它的无穷魅力，用民族文化素养来引领全体师生。同时我们也扎实地推进了书香校园的建设。纵观半山实验小学十多年来书香校园的建设过程，阅读已逐渐成为师生们的习惯和爱好，也改变了师生们的精神面貌。校园变得优雅了，老师变得儒雅了，学生变得文雅了。所以我们的办学质量不断提升，学校也声名鹊起。在杭州市教育局推出的“人民满意学校”评比中，我们学校连续五年被评为杭州市人民满意学校。

2013年，由于工作需要，我被调往杭州市德胜小学教育集团担任校长。德胜小学的两个校区有比较大的差异。我当时提出了两个校区差异化发展的工作思路。德胜校区是老校区，有书画的基础，所以把它定位为儒雅校园，彰显书画艺术特色。都市水乡校区是新校区，教师都非常年轻，所以给它的定位是活力校园，彰显科技、足球的办学特色。通过几年努力，我们学校被评为浙江省的书画特色学校、艺术特色学校、足球特色学校以及科普教育基地。可以说我们搭建了一个展示的平台，引导孩子们健康地、个性化地发展成长。

随着学校的发展，我个人也与学校一起成长。作为学校发展的参与者，一种自豪感油然而生。让一所薄弱的学校日渐蜕变成为老百姓家门口的好学校，我们真的付出了很多，但是这种付出是很值得的，也是非常有价值的。学校的变化，社会对我们的认可，让我从当初单纯地喜欢教师这份工作，转变为深深地喜欢上学校。在这个过程当中，我从一个普通老师成长为教导主任、副校长再到校长，我对教育的理解也越来越深刻。我意识到孩子的发展，不仅仅是个体生命的成长，还会影响到每一个家庭，以及整个社会的繁荣与兴衰，这就更加坚定了我从事教育这项工作的决心，坚定了我坚守教育事业的情怀。作为老师也好，作为校长也好，让我们的孩子们幸福健康地成长，促进社会的繁荣发展是我们的责任与使命。

教育的本质是师生间的相互影响

问：在学校的管理过程当中，您最看重的是什么？

答：学校管理说到底就是对人的管理，人是核心。赢得人心和达到人和是管理成功的关键。半山实验小学在两校合并的时候发生过这样一件事情：有一位入职一年多的年轻老师，因为接手了一个比较淘气的班级，在与家长的沟通中出现了一点小摩擦，一气之下便递交辞呈离开了学校。我第一时间赶往这位老师家中了解情况，可他当时并没有回家，家人也不知他的去向。天色已晚，在那个交通、通讯设备都相对比较落后的年代，寻找一个不知去向的老师真的很难。但我真的不甘心让一位涉世不深的年轻人就因为这事离开教师队伍，回想这位老师平时认真负责的工作态度，身为校长的我是那样地希望他能留下，如果好好培养，他一定会成为一名优秀老师的。正是内心最为真实的想法，也正是一位校长的担当，促使我走遍了他所有能去的地方，挨家挨户地寻找。最后我的诚心唤回了这位倔强的老师。在与他促膝谈心后，了解到他工作上存在的一些困惑，我觉得学校应该给予他帮助和支持，所以就派了两位有经验的老师，对他的班主任工作和语文教学予以指导，帮他转变了一些教学与管理的方法，使他的工作能力有了很大的提升。时间证明，这位老师真的是可造之材。好多年过去了，他一直坚守在半山实验小学，成为学校的优秀教师和顶梁柱，为学校的发展发挥着重要作用。

我觉得在学校管理中人是关键，管理不是改造人，而是唤醒人。在管理当中，要充分尊重老师，关心老师，赋予每位老师主人翁的地位，让老师们在学校有一种存在感和安全感。要通过造就名师，为教师搭建展示的舞台来增强教师的凝聚力，创设一种风清气正的工作环境。通过对人的管理，半山实验小学有七位年轻教师先后走上了校级领导岗位，有的还成为拱墅区的名校长，在不同的学校发挥着引领作用。

课程建设是学校内涵发展的有效途径，作为学校领导必须要有课程观。十年前，我们的综合实践课程建设是没有任何经验可以借鉴的。我就带着课程开发小组的老师，凭借我们已有的校本课程经验，开发了“走进中国传统文化”课程；结合半山的地域文化，开发了“基于半山文化的综合实践”课程。课程开发后，我们就积极组织实施，带着孩子们走出校园，到大自然、到社区开展实践探究体验式学习。孩子们的学习方式改变了，学习内容改变了，学习环境改变了，我们的学习评价标准也随之改变了，对孩子们的道德行为、学习行为、情感行为产生了积极的影响，也极大地促进了孩子们综合素养的提升。正是基于课程建设的实践，一批具有课程观的老师成长起来，以课程建设带动学校发展不再是一句漂亮的口号，而是成为看得见的落地举措，可以说课程建设撬动了我们半山实验小学的发展。

对于学生的管理，我觉得小学是学生成长的关键阶段，在这个阶段，学习习惯的养成和人格的健全比分数要重要得多。我们基于学生身心发展的特点和心理特点，为半山实验小学的孩子设计实施了半山学子十大好习惯的养成教育。后来到德胜小学，我们又推出了道德三字歌。无论是好习惯的养成，还是道德三字歌，都是为健全学生的人格奠定基础。

尤其是在德胜小学，在前几任校长的努力下，学校的德育品牌已经成为一张金名片，我要做的就是传承好学校的特色。德胜小学取消了班干部，转而变为志愿者。我们成立了三个层级的志愿者服务体系，推出了一系列志愿者岗位，孩子们可以根据自己的特长、爱好认领相应的岗位，为班级、学校和社区服务。志愿者服务启动以后，我们会对孩子的行为及时进行评价和激励。我们设计推出了一本道德银行的积分存折，学校定期开展积分兑换活动。兑换的可以是物质奖励，如一个本子、一根跳绳；也可以是精神奖励，比如和校长共进午餐，向校长提出自己认为学校需要改进的方面……通过这样一种评价手段来促进孩子在志愿者服务当中的岗位职责，提升孩子的服务意识，让“我为人人、人人为我”的服务理念深入人心，促进孩子人格的健全和成长。

教育的本质是一棵树摇动另一棵树，一朵云推动另一朵云，一个灵魂唤醒另一个灵魂，所以教育其实不是单方面的，而是师生之间的一种互动，教育的过程也是师生之间相互影响的过程。老师想要学生成为什么样的人，首先老师就要具备什么样的精神。只有这样，才能更好地推动教育事业的发展。

杨志芳

杭州市富阳区新登中学数学老师

追梦四十年，为母校留下芬芳记忆

曾获荣誉：浙江省优秀教师暨农村教师突出贡献奖，杭州市优秀教师。

浙江省名师网络工作室学科带头人。

母校情结，下定决心成为一名老师

问：您是1982年从新登中学毕业，1989年回到新登中学从事教学工作至今，您对这所学校的感情一定非常深，可以给我们介绍一下吗？

答：新登中学位于美丽的富春江畔的千年古镇——新登，离富阳主城区半个小时的车程，交通非常便利。这所学校是一所有历史文化、有故事的学校。它的前身是新登县立简易师范学校，创建于1941年抗战时期。因新登地处军事要冲，县城屡遭日机轰炸，故借城南5公里处青鸾山麓的碧沼古刹为校址。校舍因陋就简，教室、寝室均由禅堂和原僧人住房改装而成。后几易其址，于1948年1月迁至新登县城内东北隅小黄山下的“圣庙”，就是现在的校址。学校环境优美，文化底蕴深厚，人文气息浓厚，是适合学生静下心来读书的好地方。经过77年的发展，新登中学现在已经成为浙江省一级重点中学，浙江省二级特色示范学校。学校为社会输送了3万多名毕业生，其中包括中国工程院院士、地理学“三剑客”之一的周廷儒，大家耳熟能详的越剧表演艺术家徐玉兰，还有中国科学院院士蔡荣根等。所以新登中学被称为“古城学府”，人才辈出。

我在新登中学读书的时候，虽然学校环境非常优美，但是条件特别艰苦。老师的办公、教学设施以及运动场所都非常简陋。同学们大部分来自农村，都是挑着担子步行来读书的，担子上一头是柴，一头是米。因为那个时候是要自己蒸饭的，用柴换饭票。梅干菜是我们的主菜。有些家庭特别困难的同学是光着脚上学，到学校后才把鞋穿上。停电也是常有的事。上大学之前我一直在农村读书，我深深感受到了农村教育资源的薄弱，农村的孩子更需要好老师，也更渴望享受到优质的教育资源。这是我放弃更好的机会，来到母校新登中学最主要的一个原因。我希望自己能成为一个好老师，为农村的孩子能够享受公平而有质量的教育贡献自己的一点绵薄之力。

还有一个让我一直扎根在新登中学的原因，就是我深爱我的母校。我在新登中学读书的时候得到了很多老师的关爱和培养，特别是物理老师方秀峰对我的影响特别大。记忆中的方老师早上来上课时，经常拎着一个竹篮子，篮子里放着带来给我们吃的油条。他还利用自己的专长，做煤油气灯应对突发停电的情况。方老师爱生如子，爱岗敬业。“随风潜入夜，润物细无声。”方老师的善举在我心里深深地埋下了一颗教育的种子，激励着我前行。我愿意为母校的发展贡献自己全部的力量。

我从杭州师范学院毕业后，回到新登中学任教。我发现了农村教育的短板。农村学生虽然刻苦、努力，但是跟城里的学生比较，眼界、理念、活动能力各方面，还是有不小差距的。所以我下决心要为这些孩子做出一些改变。当时我担任新登中学教工团支部书记、团委书记，利用这个机会，我根据学校的实际和学生的特点，开展丰富多彩的文体活动，以此来丰富学生的文化生活，增长他们的文化知识，缩短与城市孩子的差距。刚开始，很多老师非常注重学生的成绩，可能会觉得社团活动有点“不务正业”，会让孩子们分心。后来实践发现，通过社团活动可以让学生学到一些书本上学不到的知识，也可以激发他们的积极性，进而促进他们的学习。我们就是想通过这种方式，开阔他们的眼界，让他们坚信知识可以改变命运。从最初的一个想法发展到现在，我们学校的话剧社、罗隐文学社、动漫社等各类活动和社团，在富阳乃至杭州都小有名气，学校被评为“浙江省共青团示范学校”。

圣园文化见证新登中学的华丽变身

问：您在新登中学打造的特色课程能不能给我们介绍一下？

答：新登中学是一所具有深厚文化底蕴的学校，尊重知识，尊师重教。我觉得这种深厚的文化积淀应该被开发和利用起来，让更多的学生通过学校的固有资源来培养自己的文化素养、道德情怀。

在浙江省深化课程改革的形势下，我们开发了具有学校特色的“圣园碑林”选修课程，依靠“圣园碑林”这一载体，我们开发了20余门碑林课程，形成提升高中生人文素养的课程群。我总觉得有这么好的资源，我们应该充分利用好，开发好。古时给某人立碑，肯定是他做了有意义的事情。这件事情是什么？对后人的启示又是什么？通过充分挖掘这些碑文的内容，可以让我们的学生学到很多有价值的东西。

“圣园碑林”选修课程只是一方面，我们还开发了书法、艺术方面的选修课，以及培养音乐美术特长生的选修课。通过这种方式，以“尊重文化、尊重孩子们的个性”为理念，新登中学渐渐形成了关注每个孩子特长的办学模式。多元的课程设置，可以让更多的孩子发现自己的能力所在。

2004年，新登中学成为浙江省一级重点中学，作为母校由普通中学到省一级重点中学历程的参与者与见证者，我深感自豪。

关注“特殊”，做孩子们成长的守护者

问：您觉得作为一名老师，除了要教孩子们知识之外，还要具备什么样的技能或者是敏感度？

答：一个学生对我们来说是众多学生中的一个，对一个家庭来说是一切，对一个国家来说是希望。

我当班主任的时候，非常注意与学生的关系。讲课的时候我是老师，讨论的时候互相尊重，活动的时候我们是朋友。作为老师，我们要关注每个学生，对异常情况要有敏感度，不仅要关注他们的成绩，更要关注他们的心理健康。我们工作的失误，有可能会毁掉学生的一生。所以我们在做一件非常有意义的事情。

在平常的教学活动中，除了成绩，我会关心每个孩子的心理状态，用心守护孩子们的成长。有一次，我发现班里的一位女同学身

上特别脏，白色校服上都是咖啡色的污渍。我觉得不太对劲，于是便找这名学生谈话。通过沟通，我才知道这孩子的父母离异，平时缺少父母亲的关爱，为了引起周围同学和老师的注意，她把一瓶21金维他和水一起搅拌后，故意弄到校服上。我联系家长，多次找这位同学聊天，经过一番开导，帮助她打开了心结，逐渐走上正轨。后来这位同学学习非常努力，最终以优异的成绩考上了浙江师范大学的法律系，在大学里学习勤奋，表现优秀。

这样的案例还有很多。如有个男生，从某重点中学转学到我们班里，一开始学习很认真，过了段时间，出现了迟到或不来上学的情况，每次测试也总是请假。通过与家长联系和家访，我了解到该同学在初中读书时，曾经因为一个问题去问老师，当时老师“可能”不经意地讲了一句类似“这么简单的问题还要问”的话，那个男生觉得自尊心受伤害了。从此他不仅这门学科有问题不再去问老师，其他学科有问题也不去问老师了。从而导致原本非常优秀的一名学生，中考以三分之差失利，后来通过择校到我区最好的一所中学读高中。但他不敢问问题的心结没有打开，不懂不问，学习就跟不上。为了他的学习，家长特地遵循他本人的意见，买了电脑，而且装在他的房间，以便不懂可以查电脑。他每次回到家，房门关好，就开始“学习”，家长感到很欣慰。有一次，他妈妈想看看他学得怎么样，房门一开进去，看到电脑上满屏都是不该看的不健康的内容，他妈妈当时就气得话都讲不出。他也意识到问题的严重性，于是在大冬天，仅穿了一条内裤跪在阳台上，乞求母亲的原谅。就这样，他以前的心结没有打开，又加上新的障碍，人变得精神恍惚，成绩直线下降。于是父母亲打算给他换一个环境，这样就来到了我们学校。但心理问题没有解决，不管怎么样还是改变不了他的状态。我多次与家长联系，请我们区的心理专家钟志龙特级老师多次对他进行干预指导。我不下十次找这位同学开导，只要有一点点进步便给予肯定。他爱好文学，我便抓住这个突破口，请语文老师洪特跟他聊天，鼓励他创作，还建议他父母利用暑假带他出去走走看看，多与其他人接触。于是他们报名去内蒙古大草原旅游，玩得很开心，心态好多了。他回来创作的几首诗，还在《富春江》杂志上发表。我抓住这个契机，与他交流，鼓励他有不懂的要多问老师，从而使他慢慢打开心结。我语重心长地告诉他："每个老师都希望自己的学生好，有时话虽然讲得重，但是出发点是好的。希望你能理解老师和父母'恨铁不成钢'的心情。"渐渐地，那个男生从低迷的状态中走了出来，成了一个文学爱好者。

赠人玫瑰，手留余香。多年来，那个男生的妈妈每到元旦、教师节都会给我寄卡片。当她看到我们学校还有不少家庭贫困的学生时，就主动联系爱心企业来进行资助，并且坚持了十余年，有些学生被一直资助到大学毕业。

我们老师要通过言传身教，告诉学生怎样为人处世，怎样去做一个对国家对社会有用的人才。我希望自己能成为一个如习总书记所说的"四有"好老师，即有理想信念，有道德情操，有扎实学识，有仁爱之心的老师，这是我努力的方向。我也希望我们学校能在校长的带领下，成为一所弘扬圣园文化，传播国际文明，树立家国情怀，培养现代公民的省一流特色名校。

来芬琴

杭州长河中学教师

教书与育人，一个都不能少

曾获荣誉：浙江省春蚕奖，杭州市教育科研先进个人，杭州市教育系统先进工作者，杭州市学校心理健康教育先进工作者，杭州市滨江区优秀人民教师、优秀教育工作者。

追求大气灵动的语文课堂

问：对于年轻的语文老师来说，教好语文有没有一些窍门？

答：我很庆幸自己是一个语文老师，这是我感觉最幸福的一件事。因为语文老师与其他学科的老师相比，能够更多地接触到我国乃至世界的灿烂文化，文字所呈现的意境是美的，是有诗意的，是有美好憧憬的。我觉得语文课堂应该是大气灵动的，是浪漫的。因为语文教育工作者可以用作品、用美好的情感去感染和影响学生，起到潜移默化的作用。在课堂上，老师要引导学生在品读文章的过程中，沉浸于作品所表现出来的美好意境。然后通过对一些重点字词、句子的理解分析，让学生在提高语文知识的同时，感受祖国语言文字的魅力，感受作者的美好情怀，品味作品的人文关怀。

有的学生可能因为各种原因对语文没什么兴趣，作为老师就要关注他们的心理需求，激发他们的学习兴趣和自信心。比如学生在阅读的时候，可以指导他们把重要的词句用笔划出来，分析作者想要表达的意思和情感。学生的语文没考好，不要一味地指责和训斥，要引导他们找出问题所在，结合实际情况传授学习方法。学生与你亲近了，就会因为你而喜欢语文，慢慢地自信心也有了，语文成绩自然会逐渐好起来。

我经常跟年轻老师说，不要把语文单纯地看作一门学科，它不仅仅是学习语文知识的学科，更是一门生命的学科。它可以拓展你生命的宽度和深度。有语文相伴，即使是在暗无天日的日子里，因为有诗和远方，你也一定会比别人活得豁达，活得诗意，活得精彩。

阅读与思考相结合

问：语文的重要性是不言而喻的，从学生的角度来说，如何才能把语文这门学科学好？

答：语文要学好，关键是阅读。阅读非常重要，它是学好语文的基石。学好语文首先要养成良好的阅读习惯，这能够支撑一个人走得更远。所以我对学生在阅读方面的要求是每天至少有3000字的阅读量，不能专看某一类型的书籍，各类书籍要广泛涉猎。

当然，在阅读的过程当中，我们要学会思考。如果阅读只流于形式，没有思考和品味的过程，不但读完就忘，而且思维水平也不会提高。比如学习范仲淹的《岳阳楼记》，这篇文章有辞赋的特点，作者用整齐的排偶句，使文章节奏和谐，音调铿锵，学生朗读时被语言的音乐美和感染力所震撼，同时又为范老先生的豁达胸襟和远大政治抱负所折服。于是我们做了一个专题——《走近范仲淹》，学生广泛收集他的其他文学作品，以及时代背景、生平与政绩的资料，从而具体感受他“先天下之忧而忧，后天下之乐而乐”的情怀。每位学生都写了自己的心得体会。孩子们非常赞赏他在逆境当中积极奋发向上、努力为民办实事的精神，感念他忧国忧民的情怀，有的学生把他与自己联系起来，谈怎样把自己的理想与国家民族的前途结合起来，志存高远，有思想有深度。

读诗也很重要。我在初三年级开展过两场《我为你读诗》的活动，要求每个学生选一首自己喜欢的诗歌做成课件，有配乐最好。朗读时播放课件，并分享自己对作品的理解。活动中，读者声情并茂，听者身临其境，大家都沉浸在诗歌所描绘的意境中，收到非常好的效果。学生的语言表述越来越准确，越来越精致，他们有时还会尝试创作诗歌，真有点小诗人的味道。通过这种方式，学生不但理解问题和分析问题的能力提高了，而且会被美的语言、美的意境、美的情感所晕染。所以我觉得学好语文，并不是说语文成绩考得好一点，而是你身上有着语文带给你的那种正气、灵气和光华，我觉得这才是语文学习的意义所在。

家庭教育同样重要

问：您觉得家长应该如何配合学校来完成初中阶段的教育？

答：除了平常的教学工作外，我还是家长学校的负责人。我觉得家庭教育同样十分重要。所以，除了在期中、期末考试之后由老师同家长交流孩子的成绩之外，我们还请了家庭教育的专家来指导家长如何教育孩子，并印发家庭教育的文章给家长学习。现在的家长关注孩子的成绩比较多，我们引导家长不仅要关注成绩，更要关注孩子良好的学习习惯和美好品德的养成；既要关注孩子的行为，也要关注自己的榜样作用，家长要努力经营好婚姻和家庭，给孩子营造温馨的家庭氛围。在与孩子的沟通上，家长首先要关注孩子在想什么，如果只关注学习，事事都针对学习，那么孩子就会产生排斥的心理，有事不跟你说，自然也不听你的，亲子关系会越来越差。其次，对孩子来说，家长的信任非常重要，当孩子出现问题时，要多去了解孩子的心理状态是怎样的，想想孩子为什么会出现这个问题，给予一定的理解。如果只是一味地打骂，那只会让孩子和你越来越疏远。

在教育孩子的过程中，家长和老师要及时交流，对孩子的态度保持一致，要对孩子多一份耐心和理解，平等地对待他们。两方合力才能产生“1+1>2”的效果，才能让孩子更加健康快乐地成长。

教育在不断变迁与深化

问：改革开放40年来，杭州的教育改革在不断地深化，您最大的感受是什么？

答：2003年之前的教育改革规模是比较小的。2003年秋，新一轮的课程改革在全国范围内声势浩大地开展了。首先是一种理念的转变，把课堂还给学生，真正倡导的是“以人为本”“以生为本”的教育观；其次是课程目标的转变，从原来注重知识，到现在把能力与情感也纳入到课程目标中去了，形成多维目标；再是学习方式的转变，以“合作学习”“探究式学习”为主，变被动为主动。校本课程的建构是课程改革中的重要任务，我们学校也根据自身的特点和优势开设了一系列校本课程，如航模课程、篆刻课程、音乐舞蹈课程等。学生通过参加这些课程的学习，自身的优势和兴趣爱好都可以被很好地挖掘和发挥出来，对提高综合素质有非常大的作用。

40多年来，我一步步见证了教育的变迁。我们的校园发生了翻天覆地的变化，环境越来越美了。1991年我去报到的时候，学校里还有大片的庄稼地，全靠我们自己把操场铲平。教学楼也只有一栋。而现在，学校里一年四季有鲜花果实，树木葱茏，凉亭、紫藤萝长廊相映成趣，人在校园中行走，如在画中。教学楼、实验楼、综合楼相继建成，我们的实验室还成为浙江省标准示范实验室。

除了“硬件”不断加强，学校的“软实力”也在不断提升。现在的学校办学特色愈加凸显，也越来越重视教师团队的建设。在集体打磨中，老教师的教育智慧得以分享，青年教师得以培养，每一个个体在迅速成长，水平不断提高。每位老师都有自己的特色，这就形成学校丰富多彩的教学形式。

今年，我要退休了，即将离开工作了40多年的教育岗位。一路走来，我觉得我很幸运，因为不管是学校领导也好，还是老师同事也好，都在工作和生活上给予了我很大的帮助。我的很多荣誉都是在这些同仁的帮助下获得的。我真的十分感谢所有帮助、支持过我的人。我一直很热爱教育工作，退休之后，我会非常怀念我的学生、我的学校，怀念我的教育生涯。

最后我想说，教育工作者都要把这份职业当作朝阳事业，在工作岗位上实现我们伟大的民族复兴梦。“海纳百川，有容乃大”，教育人就是要有这份胸怀。教育需要一代又一代人的传承，更是教育人精神文化的传承。教育有自己的独特魅力，我相信，今后会吸引更多的追梦人参与其中。

汪建红

杭州市十三中教育集团原总校长，现杭州市西湖区教师进修学校校长

建孩子想象中的现代学校，过学习研究的教育人生

曾获荣誉：全国优秀化学教师，浙江省优秀教育工作者，浙江省正高级特级教师，杭州市劳动模范。

享受杭州市政府特殊津贴。

亲历教育翻天覆地的变化

问：您当时为什么会选择教师这个行业？您认为改革开放40年来，教育方面有哪些变化？

答：1978年我拿到了杭州师范大学的入学通知书，从此开始了40年的教育生涯。我们这一代人是非常幸运的，因为刚刚恢复高考，给了我们一次宝贵的学习机会，国家非常重视教育，对师范生有很多优惠政策。

改革开放四十年来，国家对教育工作越来越重视，教育的发展变化翻天覆地。首先是教育的硬件设施越来越好。我是化学老师，那个时候，教学形式比较简单，用一支粉笔就可以讲一节课。教学和实验的设备也很匮乏，给学生考试或者布置作业，都需要自己选题、刻蜡纸、用滚筒去印刷。不像现在的科学老师和学生，都是人手一个实验包进课堂，很多时候还采用多媒体授课。其次是软件的变化和提升。过去老师一讲一节课的单一授课形式早已一去不复返，取而代之的是师生间互动更多、形式更活泼的生动课堂。

学习的本质是学生自身的内化和外化的互动。现在的课堂里，老师还是依旧会把相关的知识点教给学生，但学生拥有了更多与同学相互交流、自己提出问题和老师讨论的机会。以前的课堂是老师在上面讲，学生在下面做笔记，现在更多的是老师给学生提供解决问题的方法和思路。这种变化，真正实现了从“老师的教为主到学生的学为主”的转变，这种形式的课堂也是最理想化、最精彩的课堂形态。

做课程改革的先行者

问：能分享一下您在推动教育改革方面取得的成果吗？

答：从2002年开始，当时我任十三中教育集团的总校长，就在做课堂教学改革的尝试了。初衷也很简单，因为我发现，在学校的课外活动中，学生没有全体参与。很多活动是老师设计的，并不是学生真正喜欢的。说是教育情怀也好，说是教育梦也好，我觉得有责任也有必要去做出一些改变。于是，我们提出把学生课外活动的时间，特别是下午三点半到四点以后的时间还给孩子，让他们有自己感兴趣的社团，有充分施展自己特长的舞台。这一举措实施下来，受到了全体学生的大力支持，同学们都感觉非常好。习近平总书记当时任浙江省委书记，到学校来考察，我们的社团活动正办得红红火火，学生还把自己制作的中国结等小作品送给他。他非常开心，充分肯定了我们学生的创新精神和实践能力，也对学校提出了殷切的希望。这对我们的老师来说是极大的鼓舞。这种革新精神，也在一定程度上助推了整个浙江教育的课程改革发展。

从社团活动开始，我们又专门去设计申请了浙江省的重点规划课题“按照孩子的想象办教育集团”。原来是学校给学生什么学生就学什么，现在是学生想学什么学校就给什么。这个是需要研究的，为此，我们全校开展问卷调查，让学生提出自己想象中的师生关系是什么样的，课堂教学是什么样的，校园环境又是什么样的，等等。据说到目前为止，这种问卷调查的形式在十三中依然存在。

比如当时学生提出来，图书馆里的书一直以来都是学校老师或者图书馆老师买的，不一定适合学生阅读，能不能由学生自己去买。我觉得这想法太好了，图书馆的书谁看谁买嘛。为此我们发动全校每个班派一两个图书爱好者，到新华书店去挑自己感兴趣的书，然后图书馆的老师把它们采购回来，再由学生编目上架。学生自己买的书，自然受欢迎，所以全部被借完了。后来选购来的新书索性不进图书馆，而是直接放到走廊上、大厅里，供学生轮流借阅。

包括学生的吃饭问题，只要学生提出的要求是合理的，我们都会满足他们。

当然还有学生喜欢的课堂形式、师生关系。有学生提出来，课堂上，能不能让学生也可以讲。如果学生有问题，允许他们随时提出来，和老师、同学一起互相研讨，也许这种学习氛围比老师讲学生记笔记的效果更好。我们发现，一旦把这种话语权交给学生，他们的思维真是大大出乎老师的意料。

当然，这种教育理念和课程形式的改革是一个艰辛的过程，我们也面对了很多质疑。比如说当孩子们的思维真正活跃了，成为课堂的主人之后，国家教育大纲里面规定的内容要怎么完成？如果真的按照孩子们的兴趣来设置课堂规则、课外活动，孩子的成绩怎么来保证？对于教师自己来说，要迈出这一步也非常不容易，因为除了他们在课堂上的话语权在减少之外，他们的思维体系和知识体系也要有一个非常大的变化。以前是一支粉笔可以讲一节课，现在老师要担心自己的知识储备，万一学生提出尖锐的问题答不上来怎么办？

可喜的是，家长、老师发自内心地感受到课程改革带给孩子的变化之后，顾虑慢慢消除了。因为课程改革真正实现了让学生从被动学习变成主动学习的转变。我们的课程改革是按照中考要求和国家的课程标准转变学习方式，是最能解决学生问题的。课堂上，以学生的学为中心而不是以老师的教为中心，这样就大大激发了学生学习的积极主动性。最后学生的考试成绩不仅不会下降反而会上升，其探究批判精神等核心素养也大大提升。

可以说，我们学校的课程改革成了浙江省课程改革的一面旗帜，学校、老师，包括我也几次被教育行政部门授予课程改革的突出贡献奖。在这个过程中，我们一直不忘初心：把国家对学生核心素养的要求，通过课程的开发设计在学生的学习过程中落实。

遵循规律，直面挫折

问：您作为西湖区教师进修学校的校长，身上担负着培养全区年轻教师的重任，对教育领域的年轻从业者，有什么建议？

答：卸任十三中教育集团总校长后，我又转任西湖区教师进修学校的校长，担负起培养区域教师的新任务。对于年轻教师，我提倡要遵循教师成长的规律，建议他们基于实际做“SWOT”分析，总结出自己的优势、劣势、机会和威胁，进而做出适合自己的职业规划。如前三年要站稳讲台，教师需要对课堂知识内容、学生学习状况有充分的了解，能够运用教育心理学知识，和学生建立良好的师生关系。对于骨干教师，我们一方面要求其参与到名师工作室进行学习，另一方面会为他们组建工作室，吸引更多年轻的老师加入到他们的工作室。此外，也会让全区一二层次的学科带头人带领学校备课组、教研组的老师一起针对学科要研究的问题，共同探讨，共同成长。这样一种模式可以实现教师队伍梯队性的成长。

总之，在成长的过程中，不要害怕失败，要勇于抓住机遇，敢于挑战。失败是人一生成长中非常重要的内容，是阶段性的挫折，它能让人更快地成长。要百折不挠、勇往直前，养成成长型的思维模式，不仅提升自己，更能影响到周围的老师和学生，从而带动更多的人朝着更美好的方向发展。

张水珍

杭州师范大学东城小学教师

春风化雨，以心换心

曾获荣誉：杭州市中小学育人工作先进个人，杭州市江干区金奖荣誉班主任，2008年度“学生最喜爱的老师”。

以心换心，真心对待孩子

问：当您作为一名老师第一次走进校园的时候，您是如何和孩子们相处的？

答：1984年8月底，我进入杭州九堡宣家埠小学（当时属于余杭区九堡宣家埠小学）。学校的教育设施相对落后。校舍是低矮破旧的平房，里面除了一块黑板、一张破旧的讲台和几盒粉笔外，没有其他的教学设备。我当时是村里两个高中生中的一个，刚去的时候做代课老师，一个月的工资只有29元1毛8分，而在村企业上班的员工工资是35元。

虽然条件艰苦，工资很低，我有很多机会可以跳出教育行业去从事其他的工作，但是我始终坚守在教育岗位上。因为我是真的热爱教师这份工作。我从小就对教师这个神圣的职业有一种特别的崇拜和向往。在我眼里，教师有文化，思想品德好，在社会上的地位也很崇高。

在跟孩子的相处过程中，我始终坚持三个理念：春风化雨，滋润孩子心田；以身作则，行为示范；以心换心，沟通母爱。记得有一年，我们班上有八位同学发烧了，我在网上查到“四豆汤”可以降温，就买来绿豆、赤豆、黄豆和黑豆，在家里熬好，然后带到学校去给他们喝。喝了两三天以后，他们热度就降下来了。上体育课的时候，有个孩子不小心把手摔骨折了，之后的那一个月，他吃饭、洗碗、背书包，都是我亲力亲为地照顾，像对待自己的孩子一样。有的小孩因为拉肚子弄脏了衣裤，我也会帮他们洗干净……

慢慢地，我的所作所为受到了孩子和家长的认可。有的孩子说我比妈妈还要好，在家里，如果他做错了事情，妈妈只会打骂他，而我会耐心教育鼓励他。家访的时候，孩子会提前给我准备好糖氽蛋，那时候的糖氽蛋是家里有喜事的时候才吃的。有的孩子毕业参加工作后，会拿着第一个月的工资，千里迢迢坐火车来看我。如果班里有什么事情，家长会说张老师又要忙了。孩子和家长们的这种认可让我很感动，也让我体会到了做老师的价值和幸福感。

以前年轻的时候，孩子们都叫我妈妈，现在他们都叫我奶奶。从教30多年来，我用自己的真心换回了一大群人的真心，我觉得很值得、很幸福。

问：在您的整个教学过程中，从您个人发展角度来讲，有没有发生一些变化？

答：因为我是高中毕业后做老师的，所以一开始做了十年的代课老师。我知道要更好地做好教师工作，我的专业能力还需要提高。为了提升自己，1990年，我报名了师范函授班，4年时间里，我一边工作一边学习，可以说是“5+2”“白加黑”。1996年，经历了4年学习和2年的实习后，我终于成为一名正式教师。后来因为有了课堂经验的积累，又有了理论基础的支撑，我被评为小学高级教师。这是我的一个历练过程。

改革开放40年，教育环境大变样

问：改革开放以来教育有哪些改变？

答：刚开始做代课教师的艰苦是外人很难体悟到的。跟我一批进学校代课的老师大部分都走了。工资低，条件差等一系列现实问题让很多人望而却步。那时候学校在农村，上、下班都只能走一条泥泞路。平时还好，一到下雨的时候，雨鞋踩到泥巴里，拔都拔不出来。

改革开放40年，对教育的影响是翻天覆地的。2009年，我进入了东城小学。这时候，跟十年前的学校已经完全不一样了。教学楼拔地而起，有四幢，每幢楼都是四层，配有专业的操场，校内绿树成荫，花草夹道；多媒体教室、食堂、医务室一应俱全。教育硬件的提升也意味着国家整体教育水平的提升。以前，学生们只能拿着一本教科书学习，现在智慧型的教室让很多类型的教学都成为可能。

除了教学资源的不断优化，教育设备逐步完善，学生们的“舞台”也比原先大了许多，无论是社团、各类兴趣课还是海外交流，只要想参加都有机会。教育改革用“翻天覆地”四个字来概括也毫不夸张。现在的教育资源之丰富，学生、教师舞台之宽广，以及硬件水平之高，都是我30年前想都不敢想的！

小学教育，道德品行先行

问：您觉得对于孩子的整个教育历程来说，小学阶段起着一种什么样的作用？

答：我觉得，小学阶段是孩子行为、品行成型的一个阶段，老师们一定要密切留意孩子良好行为习惯的养成。孩子的成绩固然重要，但相比而言，我更看重孩子的品行。只要是我接的班，会特别重视培养孩子的道德品行。比方说要教育孩子爱学校，那首先要教育孩子爱班级，从点滴开始，细小处见品行。搞卫生的时候，老师要发挥榜样的作用，以身作则，孩子们看到老师的行为后，都会模仿，积极性也会提高。所以我说小学教育阶段对于孩子来讲，是奠定人生基础的黄金时间，一定要牢牢把握好，让孩子们养成一个良好的道德品行比其他什么都重要。

钱　锋

杭州市临安区教育研训中心原主任

学无止境，做个合适的教育者

曾获荣誉：浙江省春蚕奖，浙江省特级教师，杭州市劳动模范。

循循善诱，努力成为最懂孩子的教育者

问：您是什么时候开始当老师的？现在的教育跟过去相比有什么变化？

答：我是1983年杭州师范学院第一届毕业的本科生，毕业后就回到临安，被分配到临安县农业技术学校（现为临安市中等职业技术学校）任教。当时学校的条件很差，教学设备非常简陋，最大的问题就是师资，大部分老师学历都比较低，只有七八个大学毕业生，还有很多代课老师，专业老师很少。学校是中职技校，所以专业设置得比较复杂，有汽修、财会、幼师、化工，还有养殖等。我自己的专业是物理，但是因为老师稀缺，还要教数学、外语等，相当于一个全能教师。

我在农业技术学校工作5年后去了临安中学，在那儿工作14年后，就到了教研室，一直到现在。

经过几十年的发展，教育环境发生了很大的变化。现在临安区所有的校舍，包括农村学校都非常漂亮，教学设施设备基本到位，老师也越来越专业化。除了环境的变化，还有个人成长的变化。

问：您一直从事教育行业，跟孩子打交道，在他们身上，您更关注哪些方面？怎么去跟他们沟通？

答：随着时间的变化，我们对孩子的要求、对教育的要求跟原

先比起来是不一样的。我们最初提出的是德智体美劳全面发展，这是一个教育目标。现在浙江省的课改要求学生全面而又个性地发展。全面发展德智体美劳，这是共性，现在多了一个个性化。所以我们所有的教育活动都是围绕满足学生可选择、多元化发展的目标而展开的。有变化，有改进，但是主要的方向和目标还是不变的。适合学生的教育才是好的教育。我们必须给学生提供更适合他的教育，承认差异，承认个性发展。我觉得好的教育实际上就是我们的价值引领。学生在成长过程中，会受到社会、家庭等方面的影响，但是价值观、道德观的形成跟老师的引领非常有关系。所以我觉得老师在教书育人的同时，要重视给学生正确的导向。

我当班主任的时候，班里有两类学生，差异还是比较大的。一类学生属于体育特长生，学科水平相对弱一些，还有一类是成绩比较好的学生。面对这样的差异，我就在想什么样的教育能够适合学生发展。我抓住一个机遇，在学校开完运动会之后给他们开了班会，给他们讲了一个观点。我说运动会上最风光的是谁，肯定是特长生，那单元测试最风光的是谁，肯定是学习成绩比较好的学生。那我们仅仅用学业来作为评价标准可以吗？当然不行。但仅仅用运动来评价也不对。学生本身就是多元的，有差异的，个性特长也不一样，所以发展也是多元多变的。因此老师要看准学生的长处，明确其以后发展的方向，不能以绝对的标准来衡量一个学生是好还是坏。在我的班级，每个学生都有成长的空间，都有发展的动力，都有目标，用一个词来概括就是百花齐放。通过这种方式的引导，每个人都提高了自信心，最后都是以阳光的姿态毕业的，后来也都发展得不错。

我觉得老师跟学生沟通最重要的就是情感认同。我在高中当物理老师的时候，班上有一群男生不爱学习，喜欢下围棋。班主任找他们谈过，但效果不大。我就想怎么跟他们交流，再讲套话肯定没效果，还是要寻求情感认同。有一次放学的时候，我抓住机会，跟他们来了一场“对决”。我看了他们下围棋的水平，就说让他们先下，并让他们每人两颗子。这时候一帮人全部围过来看，最后是学生输了。他们就很佩服我。等大部分学生走了以后，我就对这几个男生说，你们知不知道钱老师是什么时候学围棋的？我是大学四年级学的，工作以后是作为业余爱好。你们现在下围棋不是不好，只是时间节点不对。你们现在的目标是高考，考上一所好学校，等上完大学工作了以后，有的是时间玩。如果你现在考不上大学，将来肯定后悔一辈子。你们都是这么聪明的男孩子，考不上大学多可惜。他们几个说，钱老师你的这些话我们爱听，为了你，我们要把学习搞上去。后来他们的状态就明显发生了转变，最终也考出了不错的成绩。

亲其师，信其道。如果学生信任你这个老师了，你讲的东西他就愿意听；如果跟你有抵触情绪，你的说教效果就不可能好。我觉得老师跟学生沟通，最重要的是情感认同，这是老师与学生们有效沟通的关键。所以，学生出现问题时，我从不大声批评，跟他们沟通他们一般都会听我的。

学无止境，跨领域钻研计算机只为更好的课堂

问：您在做物理老师的时候，对多媒体花了很多心思，是什么样的契机让您做出这样一种转变？

答：我关注多媒体教育是比较早的。20世纪80年代末90年代初，计算机的辅助教学刚刚兴起，当时做的人不多。那么我为什么做这件事情？因为我们物理教学当中很多东西比较抽象，讲不清楚，学生也很难理解。教学当中有困难没有办法克服，我就想到能不能用多媒体来解决。其实当时做这件事情的不只我一个人，还有一批年轻老师都很热心，都很疯狂地学习计算机。我原来是没有什么基础的，为此我专门去读了计算机本科。做这些事情，是教学的需要，同时也是自己的一种内在需求。

2002年6月，我收到通知，将在澳门举办第四届全国计算机多媒体教学软件大赛。比赛是在10月份，时间比较紧迫。我熬了很多个通宵，做了个虚拟三维动画库，拿去参加比赛，获得全国特等奖，中科院的赵忠贤院士为我颁奖。当时我就觉得，在做教学研究或者是实践的时候，只要全身心地投入，一定会有成效。

计算机辅助教学实际上是分阶段发展的。20世纪90年代末可以称为第一阶段，老师用的基本上是单一的课件，一个课件一堂课。到2000年左右是第二阶段，我们较多地采用通过网络来交流、共享。这个时候流行的课件是一个个的小插件，把这些课件从

静态的做成动态的，从抽象的做成具体的，很容易理解，很容易使用。现在的第三阶段已经达到了综合应用程度，课堂教学跟信息技术是深度融合的，这也在一定程度上推进了我们课程的发展。最明显的就是教学方法手段的改变。

随着时代的发展，技术也在发展变化，作为教师，我们应该去适应这样的变化，用好这些技术手段来为我们教学服务。

放眼未来，关注整体教育质量的提升与发展

问：对于教育，您最关注的是什么？回顾这几十年的教育历程，您最想说的是什么？

答：学无止境，是我对待教育事业的态度。当我是一名一线物理老师时，我关注的是学生成长、课堂效率。而当我成为杭州市临安区教育研训中心主任时，我更关注的是整个区域教学质量的提升。

临安是一个半山区，学校分布比较分散，小规模学校资源相对匮乏，优秀教师相对较少。在教育局的统一领导和规划下，我们出台了名师名校长的培养工程，打破学校之间的界限，不同学校的老师可以拜师结对，薄弱学校的老师可以找到好的师父，扩大名师的引领示范作用。同时，我们还建立互助共同体，使师资力量和科研能力比较强的学校，能够引领薄弱学校。通过几年的努力，教师的专业水平有了很大的提升。

怎样做最适合学生的教育，这是我们老师当下应该思考的。现在，学生有差异，有不同的要求，那老师就应该有不同的教育方式。对老师来说，要适应时代对教师的要求，提供给学生差异化的教学。我认为，教育的主要价值就是培养学生成为对社会有用的人。

05

追求优质的教育

培养更多让老师崇拜的学生

连 晓

余杭第二高级中学原校长

培养更多让我崇拜的学生

曾获荣誉：浙江省特级教师。

浙江省中语会常务理事，杭州市教育学会常务理事，杭州市中语会副会长，余杭区科协常委，余杭区教育学会会长，余杭区陶行知研究会会长，余杭区中语会会长等。

只要有一个人来听课，我就会来上课

问：您是什么时候踏上教育这个工作岗位的？当时为什么会选择师范专业？

答：我1977年参加高考，1978年进杭州师范学院加入教育行业，到今年为止刚好40年。

说到为什么会选择师范专业，这在很大程度上是受我小学的班主任刘老师的影响。1966年，我上五年级，再过一年就小学毕业了。那个时候“文革”开始了，几乎所有的学校都停课了。我们这些孩子到处玩耍。刘老师千方百计把我们召集起来，跟我们说：“你们来听课，我给你们上课。”她找了一个角落里面的破教室给我们上课。后来形势慢慢变得更加严峻，来上课的人就逐渐减少了。这时候刘老师跟我们说，我教的东西是你们一辈子要用的，只要有一个人在，我就会来上课。希望你们能够坚持到底。这句话当时没感觉，下乡的时候才知道老师教的东西让我受益匪浅。所以1977年恢复高考，我就义无反顾地选择了师范院校。我好像欠刘老师一份债，我把这份债还到我的学生那里去，我也要为他们的终身负责。

我一直觉得，没有恩师刘老师，就没有现在的我，我要把刘老师的精神传承下去。我时刻提醒自己，教师这份工作关乎学生一生的命运。这也让我有一种莫名的自豪感、崇高感和敬畏感，促使我用一辈子的时间去传承自己身上的这份“大爱”基因。为此我不断探索，希望每个孩子都能成为优秀的人。

问：40年来，您经历过教育的哪些岗位？

答：开始的时候我被分配到余杭县三墩中学，当时这所学校以高中为主，我任教高中语文。那个时候初中生升学率比较低，读高中很不容易，学校里大多是农村的孩子，我对这些孩子很用心，觉得他们好不容易来上高中，我应该尽全力帮助他们改变命运，像刘老师那样让他们终身受益。就这样，我在三墩中学教了十几年。后来我被调到临平中学，临平中学之后分成余杭高级中学、余杭第二高级中学，我留在第二高级中学任副校长，教语文。2001年我被调到余杭区教研室担任主任、书记。2004年我又返回余杭第二高级中学担任校长、书记，2010年退居二线，到教育局担任区政府的副总督学。2012年我又重新回到余杭二高当校长，第二年任学校总顾问，2015年初光荣退休。我还兼任过教科所长、区教育局党委委员等职务。

从我的教育工作经历来看，跟余杭二高很有缘分，三进三出。教育局可能是出于对教育质量的考虑，新校舍刚落成，对老百姓要有所交代。回到余杭二高的时候，我通过抓学校文化和教师队伍建设来提升教育质量。当时我跟老师们一起商量，在专家的指导下，我们在新落成的教学楼前的钟楼上面贴出了八个大字："关爱生命，促进发展"。让大家知道，我们的学生都是一个个鲜活的生命，要对学生的终身负责，要促进学生在校发展最大化和终身发展潜力最大化。同时通过学生的成长促进老师自身的成长，通过促进师生的发展来促进学校的发展。2012年我重新回到学校当校长，是结合深化课程改革来促进教育质量。当时我们正在申报省一级特色示范学校，趁这个契机，全体师生一起努力，齐心协力把质量提上去。2018年，我们学校高考上一段线的学生有352个，实现了快速发展，效果还是很好的。

问：在40年的教学生涯中，有没有一些对您印象比较深刻的事情？

答：40年来，有很多事情对我来说印象都非常深刻。第一件印象深的事情，是我教的第一届学生中有位同学高考语文考了余杭县理科第一名，这个事情惊动了媒体。媒体采访这位学生的时候，他说自己主要是靠看书看报取得的成绩；当媒体问他老师是怎么教他的时候，他一下子说不出东西来。这个事例给了我强烈的刺激，这说明学生是自己学好的，不是老师教好的。从此以后我就开始反思自己的教学方式，开始重视把教学重心放在学生的主动学习方面，重点研究学法指导。第二件印象深的事情，是从教研室回到学校，让我感觉到学校才是真正实施教育的地方，假如喜欢教育的话就得到学校去，到基层去，最好是能够直接任教，跟老师、学生们打成一片，这样才能实现自己的教育理想。第三件印象很深的事情，就是我第三次到二高任职。我体会到校长抓课改一定要和抓教育质量紧密结合起来，要通过课程改革来促进教育质量的提高，用教育质量的快速提高来丰富课改的内容。这样的话家长会支持，学生有感觉。

教是为了用不着教

问：您除了当校长之外，还兼任过浙江省中语会常任理事，杭州市教育学会常务理事，杭州市中语会副会长等职务，在教育理念上您有些什么独特的地方？

答：从教育理念的角度讲，我坚信学生是自己学好的，教师的主要精力应该放在教学生学会学习上，这样他才能受用一辈子。另一方面，我们要切切实实教会学生做人。学生如果没有学会做人，就不会往正路上走。所以要做好学生的思想工作：一方面要重视正面说教，给他们讲道理，但更重要的是通过每一堂课和每一项具体的工作去促进学生人格的健全，提高他们的品位。此外，我觉得一个老师，特别是年轻老师，如果想要成为优秀老师，一要虚心，二要创新。我记得齐白石先生说过一句话，“学我者生，似我者死”，就是说你要老老实实地向老教师学习，学习他们热爱学生的品格，学习他们的教学方法；同时要敢于创新，敢于探索，不能总是按照老教师的老路子走，要善于突破。当然最主要的还是要从心里热爱学生，这是天经地义的。

说到教育理念，在我的教育生涯中，有三句话对我影响很大：

第一句就是前面提到的刘老师说的那句话——“我教的东西

是你们一辈子要用的，只要有一个人在，我就会来上课”，这对我是刻骨铭心的。

第二句话是著名教育家叶圣陶先生说的。他说：“教，是为了用不着教。”我的体会是要教会学生学会学习，学生自己会学习，老师就用不着教了。要做到“用不着教”，那么你就必须去了解学生是怎么学的。比如说学生写了一篇文章，老师感觉不好，但是学生自己是不是也感觉不好呢？学生这样写，有他自己的思路，老师不能简单地用自己认为好的那个作文套路强加于他，强迫他接受，而是要遵循他的思路去进行点拨。学生错也有他错的道理，错的缘由，只有搞清楚学生的思路，才可能有好的教学效果。再比如现在题海战术很盛行，那么学生学习当中需不需要这个题海战术，我们要深入地去研究。我的体会是，学生要适应高考就要做到“基于理解的熟练”。首先要理解，理解原理，做到“知其然，知其所以然”；其次要熟练，现在高考题量大，不熟练根本完不成。这都需要深入研究。当然“用不着教”，也不是绝对的，有些需要终身教育。

第三句话是著名的教育家陶行知先生说的，他说：“教师的成功在于创造出值得自己崇拜的人。”我把这句话作为自己终身的理想。一开始我想要培养一些值得我崇拜的学生，越多越好。现在我把它扩大到培养学校的管理人员，培养老师，培养更多值得我崇拜的人。当然这个崇拜不仅仅是因为他能力超强，成就非常突出，主要还是在于他有健全的人格，能够挺直腰杆踏实地做人，这种人就是值得我崇敬的。当然还包括要有创造力，创造精神。

创造更多让老师崇拜的学生

问：对于高中的孩子，老师、学校、家长这三个角色应该怎么来辅助孩子考出一个好成绩？

答：首先，要帮助学生明确今后的职业方向，这个我们以前是做得很不够的。我们不能让学生到了高考填报志愿的时候还不知道自己将来要干什么。现在很普遍的是家长代填志愿，这是很不好的。有了明确的职业方向，有助于学生持久地为此刻苦用功。其次，老师和家长要给孩子创造一定的条件，培养学生全方位的能力和健康的身心素质。我当校长的时候，在化学实验室里看到有些孩子很容易把试管打破。我就抓住这个点深入研究，发现这些孩子有一个普遍特点，基本不干家务活，手的小关节没有得到很好的发育，动手能力不强。所以家长不要剥夺孩子实践的机会，让他去洗碗，洗碗就是一种学习；带他去外面旅游，旅游也是学习。高考考察的能力是全方位的，有许多能力的锻炼源于自然、社会和与人的交往。再次，当然是教育孩子要刻苦用功。高考需要“基于理解的熟练”，而这是需要下苦功夫的。

问：最后您想说点什么？

答：最后我想说，我们做老师、做家长的，都应该像陶行知先生所说的，“创造出值得自己崇拜的人”，比我们更能干，比我们更强。另外我最想说的就是，无论老师也好学生也好，都要多读书。多读书，一方面充实自己，充实自己的知识，充实自己的能力；另一方面，丰富自己的业余生活，陶冶自己的情操。

吴江汉

杭州文海教育集团原党委副书记

不忘初心，逐梦教育

曾获荣誉：杭州市优秀教师，杭州市优秀德育教师，杭州市家庭教育先进，杭州市勤工俭学先进，杭州市经济开发区先进工作者，淳安县先进工作者。

淳安县第十一届人大代表。

曾任淳安县千岛湖镇中心学校校长、书记，杭州市下沙中学校长、书记，杭州市实验外国语学校中学校长、书记，杭州市文海教育集团党委副书记。

从放着棺材的祠堂里开始教学

问：您从事教育工作多少年了？当时是一个怎样的场景？

答：1973年9月，我从公社的高中毕业不久，五七学校的校长找我，说有个村小的老师要去培训学习，要我去代理他的教学。从此，我走上了讲台，开始了我的教育生涯，至今已经有45年了。

当时学校采用的是复式班教学的形式。复式班教学是20世纪七八十年代以前农村的一种特殊的课堂教学组织形式，一个老师要同时教两个以上年级的学生。我所教的班虽然只有十几个孩子，但是有四个年级，即四复式。我包揽四个年级的语文、数学、音乐以及军体等所有课程。一个特殊年代的农村高中生直接去教小学，又是山村复式班，我不太自信。我给一个年级的孩子上课时，会安排其他三个年级的孩子写字或者做作业。课堂上，往往那些写作业的孩子安静不下来，使我手忙脚乱、顾此失彼，课堂效果很不理想。这让我感到很郁闷，也曾经想到退却。这时，我想到校长的期待和叮嘱，看到山村对教育的渴望，就坚持了下来。我曾到邻村去向那些老师学习求教，看他们是如何驾驭课堂，有效进行动静搭配的。我借鉴他们的做法，在每个年级中确定一位学习成绩好的、有一定影响的同学，协助我管理学生维护课堂秩序。

当时的教室在一个破旧的祠堂里面，祠堂里摆着很多棺材，黑压压的，让人不寒而栗，还有很多农耕用具，犁啊、耙啊之类的。

因为离家比较远，所以我就住宿在祠堂里。白天还好，和孩子们一起，忙于课堂教学，并不感到十分害怕。可一到晚上，看见那些棺材，就毛骨悚然。于是我只好请村子里年轻胆大的小伙子来和我做伴。

问：您的教育经历是怎么样的？能跟我们分享一下吗？

答：我的教育经历比较杂，有小学，有中学；有农村，有城市；有公办教育，也有民办教育，大致可以划分为两个时段，即淳安县工作时段和杭州经济技术开发区工作时段。

淳安县工作时段，筚路蓝缕创办新学校。

在这里，我先是在农村小学教学了6年，后来参加高考，经过两年学习后，被分配到我们区重点初中去教书。两年后，我担任了区教育办公室副主任，负责我们区15个公社的学校教育、教学和行政管理。

1988年，县领导把我调到千岛湖镇，让我去筹建千岛湖镇中心学校，并担任校长、书记。在这里，十年工作，艰苦创业。这段时间，对我个人来说，是我人生成长追梦教育的一个重要阶段。因为创办这所学校有着不同寻常的意义。首先，这是一个县的重点工程项目：县政府举仅有的财力，并搬迁了三个单位，创办一所新学校，同时明确要求，要办成一所现代化的标志性学校。然而，领导把它交给我的时候，只有一幢教学大楼的外壳，教学设施设备、体育场地一无所有。领导跟我谈话说，县里已经很困难了，这些问题需要你自己想办法解决。我当时年纪很轻，没有经验，压力非常大。

面对压力和挑战，我采用多管齐下的办法开展工作。第一，发动社会、家长、老师捐资助学，来逐步解决学校内部的设施设备问题。我们利用家长会和运动会这些平台，大力宣传教育改革和发展的形势，宣传淳安县办这所新学校的愿景，希望大家添砖加瓦。第二，大力开展勤工俭学活动。当时社会上有一种幽默的说法，戏称当校长要具备姓马、姓教、姓钱三个校长的功能。姓马，就是我们校长要有马列主义、毛泽东思想水平，把握正确的办学方向。姓教，就是校长能懂教育教学管理，提高教学质量。姓钱，就是要求校长必须有给学校创收的能力。我们办了江滨纸品水泥包装袋厂，办起养猪场，开辟了二十多间临街商铺营业用房。这样，我们一年能创收好几十万。第三，抓内部管理改革，用创收的经济收入实行教师课时津贴制度。我们把教师的工作量折算成课时，根据课时数量发放津贴。这样既提高了教师的福利，又调动了教师的积极性。第四，我们也充当民工，自己动手开辟操场。学校临近千岛湖库湾，该库湾用地正处在规划之中，许多单位都“虎视眈眈”想要拿到。于是我们不等不靠，先下手为强，主动出击要地盘建操场。千岛湖镇有一些建筑工地需要处理废土，于是，平时我们雇佣部分民工进行征土填土，一到周六周日，我们的行政干部和党员教师，还有单身的青年教师就都投身到填建操场的劳动中。我们换上劳动行装，背上锄头，到相应的路口或工地，招揽那些运土的车辆，把废土拉进校园，铺上煤渣，整平夯实。经过两年左右的时间，硬是被我们整修出一万多平方米的操场，基本解决了体育教学问题。

学校就是这样在艰苦创业中得到快速发展，渐渐地，教学质量也显示出来，体育、艺术的特色形成了，名声在淳安响起来了。1996年，学校进入了杭州市示范学校行列。我本人多次被评为淳安县先进工作者，并当选为淳安县第十一届人大代表。

在杭州经济技术开发区时段，深入教学改革，探究文海特色的高效课堂教学模式。

1998年，我作为人才引进到杭州经济技术开发区，先在杭州大学外语学院开发区附属学校担任校长助理；接着调往杭州市下沙中学，担任校长、书记；后来，应浙江育英教育集团聘请，担任杭州市实验外国语学校校长兼书记；2005年，加入文海教育集团。

在文海，我曾担任集团党委副书记并主持杭州文海实验学校中学校区日常工作。文海初创时期，也是一张白纸。为了打造高效的课堂教学模式，提高教学质量，一方面，我牵头带队三次到江苏洋思中学取经学习，多次组织教师学习魏书生课堂教学的经验；另一方面，组织教学处和科研处深入课堂调研，查找课堂教学低效的原因。经调研，我们发现两个现象：有的教师课堂讲述过多、学生活动时间太少，课堂教学任务完不成。有的教师科研与教学严重剥离，为了公开课、展示课，一味追求华丽的课堂形式，结果知识点没有得到落实。这两种现象反映出同一个问题，就是课堂教学效率不高。于是他们又大量布置课外作业，从而给学生增加了课业负担，造成恶性循环。针对这一状况，我提出“少讲多学，强化练习”八个字，作为文海特色的高效课堂教学模式的基本特征，制定出相应的各学科课堂教学评价标准，并在校内进行实践和推广。经过后期的不断实践和完善，这套教学模式和评价标准被列入市级教改课题，2013年获得市级课题一等奖。

怀揣教育情怀，临近退休当班主任

问：在文海实验学校的时候，有一段时间您又当领导又当班主任，这个过程能跟我们介绍一下吗？

答：当时八年级有个班主任因意外而请假，我们按照常规的办法安排其他老师去接替。但因这个班基础比较薄弱，连续安排的几位老师都接替不了。这时，面对孩子，面对家长，我们有些不知所措。我想，自己虽然临近退休，也有几十年没有从事具体的班级管理了，但是，在学校的困难面前，作为一个受党多年培养的干部，一个老教师，应该有怎样的担当呢？于是，我想到由自己去救急，或许能缓解这个困难。当然，我也有自信，觉得自己有一定的优势。毕竟我曾是一位比较优秀的班主任。再者，我对孩子有一种天然的情结，喜欢和孩子们在一起，我曾经因为自己做班主任年限不多而感到些许遗憾。在退休前能有机会再做一回班主任，未尝不是一件有意义的事！就这样，我临危上阵，还主动兼任该班的社会历史课程，并搬来了课桌椅，坐到学生中间。我遵循“功在课前，重在过程”的班级管理思想和方法，制定出一系列班级建设和管理的规章制度，设计出班级管理的操作方法，组织学生开展科学管理、民主管理。经过近两年的辛勤努力，超额完成学校制定的各项教育教学指标，有七名同学考上杭州重点高中的前三所，班级被评为杭州市先进班集体。同时，我还编写了《班级建设操作指南》手册。

感谢共产党，祝福新时代

问：回望过去的几十年，您觉得改革开放带给您最大的改变是什么？您最想说的是什么？

答：四十年，在历史的长河中只是一瞬间，但作为我个人来说，是我人生成长追梦教育的整个过程。这四十年，伟大的中国共产党，为了民族的复兴，进行改革开放，励精图治，实现了经济的腾飞，历史的巨变。我们的教育也随之进入了发展的快车道，起了翻天覆地的变化。我是一个普通的教育从业者，成长在这伟大的时代，经历过摆放着棺材的祠堂里的学校，经历了一块黑板一支粉笔的课堂，更见证了今天校园的标准化、现代化、国际化，见证了课堂的多媒体智能化，不由得感到无比的自豪，无比的幸福。

在这里我要说，感谢共产党，祝福新时代，我们的教育将越来越美好。

余炳香

淳安县千岛湖镇第三小学语文教师

俯下身子倾听孩子的心声，挺直腰杆努力为孩子付出

曾获荣誉：浙江省优秀教师暨中小学师德楷模，入选“发现最美浙江人·浙江好人榜”，杭州市“三育人”先进工作者，第十二届杭州市道德模范（平民英雄）提名奖。

时代在变，教育理念不变

问：您是在哪一年开始做老师的？当时的教学环境怎么样？

答：我是1982年参加工作的，当时是在家乡的一个小村子当老师。那个时候村里只有1所学校，学校有5个年级，60多个学生，2名老师。学校采用复式班教学，一、三、五年级一个班，二、四年级一个班，我是二、四年级的班主任及任课老师，语文、数学、音乐、体育、美术都要教。复式班是动静结合的，一个年级在上课，另一个年级就在做作业。

当时教学环境相当落后，教室墙壁、地面都是大大小小的窟窿，桌子凳子都是用长短、宽窄不一，高低不平的木头做成的，非常破旧，黑板也是用木板做的。教具也非常简单，就是一支粉笔。如果想要给孩子们出一份试卷得费很大的力气，试卷是放在钢板上刻出来的，刻的时候要相当小心，太用力纸要破掉，太轻又刻不出来，费时费劲。以前的孩子都是老师讲什么他们听什么，信息很闭塞，对外面的世界也不是很了解，真的像坐井观天一样。

现在教学环境应该说发生了翻天覆地的变化，老师都是专业化的，分工很精细。教室墙壁是雪白的，教室里要什么有什么，整齐有序的课桌椅，电风扇、电脑、背投、电视机等，上课只要打开课件，连粉笔也很少用了，实在太方便了。现在的孩子也跟原来完全不一样了，他们的知识面丰富了，个性也强了。所以随着时代和科技的发展，也对我们教师提出了更高的要求，很多东西要慢慢去学。

但是我觉得无论时代再怎么变，在这个过程中也有一些东西是不变的。比如说教育理念。我觉得，无论环境如何改变，教育始终不能缺少爱。教育没有爱，就犹如池塘里没有水一样，是干枯的，毫无生机的。我在这么多年的教育过程中，始终遵循一个原则，就是“三多三少”。面对学生，要多表扬少批评，多鼓励少指责，多帮助少埋怨。学生无论是在学习还是在生活中遇到困难，我们都要好好跟他们交流，并尽力去帮助他们。

在我教过的学生里，曾经有一名六年级的学生玩电脑成瘾，经常逃学。有一次他还趁妈妈不注意拿走了她的存折，把存折里的1000多元钱取出来，和其他学校几个不读书的同学逃到杭州，待了一个多星期，把钱都花光了才回家。在这之前，类似的事情也有过。这个学生对我说：“余老师，我每天都要玩电脑游戏，已经有网瘾了，我控制不住自己。”后来有一次，我把他从网吧找回来后，想了一个办法：我答应他每天中午午休时可以玩半小时游戏，并把自己的电脑借给他，在电脑前摆了一堆课外书作掩护。前提是不能有任何声音，要等其他同学都睡着了才能玩，并且不能让任何人知道。我说如果学校领导知道了，我是要被开除的，就会没饭吃了。他答应了。这样差不多过了一个月，有一次有个学生中途醒来上洗手间，这个秘密就被发现了。我说你跟老师约定过的，不能让任何人知道，现在被知道了该怎么办呢？他说我以后再也不玩游戏了。我说你做得到吗？他说我做得到，你对我这么好，我再玩游戏就对不起你。从此以后他真的再也没玩过游戏，一直都在很努力地学习。其实这件事情也让我有所启发，就是教育孩子的时候不能一味地去否定他，或者直接告诉他什么能做什么不能做，而是要尽可能引导他自己推断，哪里做错了，今后应该怎么做。我觉得这样效果会更好一点。

用爱温暖孩子心田，成为孩子们的“余妈妈”

问：在您的教学生涯中，有没有印象比较深刻的故事？

答：印象深刻的故事，是发生在我在白马学校支教的时候。当时我接手六年级的班，班里有个男孩子是在单亲家庭成长的。班里的同学告诉我，他没有妈妈，衣服都是自己洗，洗也洗不干净，身上总是有股怪味。他作业都不做，总是在课堂上吵闹，同学们都疏远他，这几年其他的老师也都不管他。我觉得这样的学生我应该倾注更多的爱，用爱去感化他。接班不久，我就给他买了毛巾和香皂，让他回家把身上洗干净。我跟他说作业一定要做，辅导他把前几次的作业都补上。记得有一个星期一，他来上课的时候，我让他交作业，他眼泪唰唰掉下来，说他没做。我问他为什么没做，原来不是都做得挺好的吗。他说昨天晚上他爸爸不在，他饭都没吃，没心思做作业，今天早饭也没吃。我就把他抱在怀里，眼泪不自觉地掉下来，我觉得他真的太可怜了。然后我就去给他买了早饭，跟他说以后余老师就是你的妈妈，你学习上、生活上需要什么就跟老师说，老师帮你。他点点头。从那以后，每一次的作业他都很认真地完成。有一次他在作文中写道：“余老师，你真好！你是我这一辈子最好的老师，是你教会了我做人，教会了我学习。如果我有一架时光机，我一定要驾着它回到一年级，一切从头开始，好好学习，好好做人。”每每想到他身上的变化，我真的很欣慰、很感动。

有一次我在上课的时候，讲到游玩的话题，我问我们班的孩子有没有到大城市去玩过。同学们发言都很积极，有的说自己的爸爸妈妈在温州、杭州打工，暑假的时候会带自己去玩。有个小孩坐在座位上一声不吭，后来我了解到，他是由奶奶带大的，从小没有妈妈，除了自己的家乡哪都没去过。我就对他说，老师有时间带你去千岛湖玩好不好。他很开心。后来我真的开车带他到千岛湖游玩了一天。他看到城市里的各种大楼，五颜六色的灯光，川流不息的车辆，很是兴奋。他爷爷奶奶一开始还不相信，说还有这么好的老师。我觉得虽然累了点，但能给孩子带去快乐真的值了。

我决定去白马小学支教的时候已经临近退休了。临行前夕，我摔了一跤，左肘关节粉碎性骨折，要住院十多天。住院期间，校长来看我，他担心我不去了。我就说让他放心，我答应了的事肯定会做到的。和家里人商量后，他们也很支持我去。我左手不能动，但是右手可以写字。到了学校后，孩子们都很淳朴，他们看我左手打着石膏，都端端正正坐在教室里，不想给我添麻烦。我手伸不直，只能弯着，班里有两个孩子，晚上下自习后都会来帮我做康复锻炼，差不多坚持了半年的时间，我永远都不会忘记。

作为老师，我的一言一行，做人做事的方式对学生有潜移默化的作用。我用爱去感动和温暖他们，让他们能更快乐、幸福、健康地成长。在和孩子们的相处过程中，都是以心换心的。一年支教期满后，我真的很舍不得孩子们，所以我又继续留在白马小学，担任着孩子们的“妈妈”的角色。

陈永祥

建德市寿昌第一小学退休教师

做学生心目中的“全能”老师

曾获荣誉：杭州市第五届“最美杭州人——感动杭城十佳教师”，建德市第四届“十佳美丽教师”。

“陈老师带的班是全校同学最羡慕的班”

问：您第一次走上讲台是什么时候，当时是什么样的情形？

答：我第一次走上讲台是1976年。1975年，我高中毕业，因为当时国家招生制度还没改革，没有高考，我就先回大队参加生产工作，之后被推荐到西门小学当了一名民办老师。我觉得自己很幸运，因为当老师是我懂事以后就一直向往的工作。我立志要成为一名合格的人民教师。

为了做好教师这份工作，1977年国家高考制度改革，我连续三年都参加了高考，分数线都过了，但是由于我左手手掌残疾，体检一直通不过，所以没有机会到高校去进修学习。但是我没有放弃，后来我通过杭州萧山师范学校三年的函授学习，拿到了中等师范学校的毕业文凭，我才真正成为一名合格的老师，能够在这个舞台上跟健全人一样发挥自己的才能。

当时我所在的西门小学，曾经是我的母校。那个时候国家还不富裕，办学条件很差。为了改变学校操场泥泞的状态，我经常带学生到河塘里去挖泥沙，到梅岭厂、酒厂运煤渣来铺跑道。学校里唯一的篮球场就是用煤渣铺成的。那个时候的电铃是半机械的，很容易坏，我们还要经常搬一个很长的竹梯，到二楼房顶去修电铃。虽然办学条件很差，但是我每天都乐此不疲地和孩子们在一起，和他们一起学习，一起锻炼，一起玩耍，我觉得很快乐。

那个时候也是通过这样一些课外活动，带着孩子们去改善学校的环境。我的学生到现在也会经常来看我。他们说我以前带的这个班是很让学校其他班羡慕的，因为我经常组织各种课外活动，带他们打篮球、踢足球、放风筝、游泳等。不仅如此，每次考试我们班的学科成绩都是名列前茅。他们回忆说，有一次我带他们放风筝的时候，为了保护一个快摔倒的同学，我把自己的腿摔骨折了，住院了好长一段时间，班上的同学都快急死了。

正因为在和学生的相处中找到了自己的价值，所以当我有机会跳出教育行业去谋得更好的发展时，我放弃了。我还是希望和孩子们在一起。和孩子们相处得越久，我就越觉得这份职业值得我去努力去奋斗。

全能教师，冠军专业户

问：您是第五届“最美杭州人——感动杭城十佳教师”的获得者，当时的评语是这么写的：“教音乐的体育老师是个数学好辅导员，会电脑的运动教练是个造乐器的高人，他是一个学生眼里的灿烂明星，他为每一个孩子带来欢乐和自信，他实现了许多不可能完成的任务。”虽然这个评语念起来有些拗口，但是足以证明一点：您非常全能。您是怎么做到这么全能的呢？这些都是您的爱好吗？

答：自从走上教育岗位的第一天我就意识到，当小学老师需要一专多能，要努力使自己多才多艺，通过不断地学习与时俱进，增加新的知识，才能满足学校和学生的需求。我平时主要是教数学，但根据学校工作需要，有时候音乐、美术、体育等我都会去兼课。我还自己制作过乐器。因为先天手掌残缺，我以前很少接触乐器，但为了满足孩子们的需求，50岁的时候，我开始自学吹奏乐器。可正常的乐器一般至少两只手八个手指头才能吹奏，这怎么办？我下了决心就不会放弃，我立刻动身，到山上砍苦竹，制作适合自己使用的笛子，然后反复尝试学着吹奏。经过两年努力，我就初步能够演奏了。后来学校缺音乐老师，我就教学生们排箫。排箫演奏起来很好听，而且它有专门的气孔固定，吹奏起来比较方便，适合小学生学习。我先自己在网上学，学会之后再教给学生们。通过两个学期一年的时间，我培养了一批能上台演奏的学生。

比方说我练篮球。我38岁开始练篮球，练了10年。我只有一个手掌，很难打好篮球，我就站在那里练各种动作。下课的时候孩子们也会过来看。在这个过程中潜移默化地影响了他们，让他们明白，要学一样东西，需要克服困难，坚持不断地练习，有了付出才有好的效果。

虽然我左手残缺，但是我热爱运动，除了篮球、足球，乒乓球也是我的专长。48岁的时候，我开始练乒乓球，到现在基本没中断过，每个星期至少有三四个晚上坚持去打乒乓球，这样我的球技才会逐渐提高。我经常参加健全人的乒乓球比赛，也代表学校参加过杭州市第八届和第九届乒乓球比赛，而且成绩还不错，金牌、银牌、铜牌都拿过。我带的学生也在各项乒乓球比赛中拿了不少冠军，别人称我们是“冠军专业户”。

把爱贯穿于教育的始终

问：您带出这么多冠军，能不能给我们总结一下，您的独门秘诀是什么？

答：要说秘诀的话，我觉得应该是把爱贯穿教育的始终。从大处讲，是爱自己的职业，爱教育事业；从小处来讲，是爱学习，爱运动，更重要的是爱自己的学生。因为热爱才会有更多的动力，才会为之努力。

在我带的乒乓球学员当中，有一个小孩很特别。他在小学第一天上学的时候发生了车祸，腿截肢了。我是三年级开始教他的。我发现他上体育课总是一个人默默地坐在教室里，上数学课的时候也很沉默。我就跟他家长沟通，了解了情况。后来我把他叫到办公室谈心，鼓励他参加乒乓球社团的活动，很耐心地指导他。我也通过自己的情况来引导他做心理建设。我告诉他，老师是先天性残疾，也是从你这么小的时候慢慢经历过来的。但是我现在是你们的老师，而且你在学校里也看到我打篮球、乒乓球，不比正常人差，甚至还可以更好。作为残疾人，我们要把技术学好，肯定要比健全人付出更多，但是只要肯付出，最后一定会有收获的。我还跟他家长沟通，把别的单位淘汰的乒乓球桌搬到他家里，给他弄了一副乒乓球拍，让他在家里练习。通过在学校和家里的刻苦练习，他的球技提高很快，参加建德市乒乓球比赛拿了第二名，参加杭州市第九届乒乓球运动会拿了第五名。慢慢地，他找到了自信，心态更阳光了，学习更积极了，数学成绩也很优秀。

其实世上本无难事，只要你有坚韧的毅力和决心，就一定能够达到目标。尤其对于我们教育人而言，用爱去浇灌每一个孩子，这是教育的本真，也是教育让人觉得温暖和崇敬的地方。

钱亚芳

杭州市萧山区瓜沥镇坎山小学教师

因为爱，坚守农村37年

曾获荣誉：浙江省特级教师，浙江省高级访问学者，浙江省师德先进个人，杭州市优秀教师，杭州市教科研先进个人。

心系农村孩子 30多年辛勤耕耘

问：您是什么时候踏上教育岗位的？当时是什么情形？

答：我1979年考入杭州师范学校，1981年毕业后，被分配到坎山小学，至今已经37年了。

坎山小学原来是在坎山老街的一个弄堂里，当时，学校房子特别破旧，冬天透风，夏天漏雨。地面是泥土地，下雨的时候一片泥泞，老师们得穿着雨靴小心翼翼地去上课。当时学校只有5个班，其中4个班在弄堂里，还有1个班在距学校约300米的广福庵。因为两边有课，所以我常常需要两地来回跑。面对这种情况，我心里有过失落与沮丧，但是从未打过退堂鼓，因为看到孩子们一双双清澈的天真无邪的眼睛，让我仿佛看到了小时候的自己。于是我迅速调整心态，潜心地投入教学工作。

在对事业执着的追求中，我逐渐感悟到教育的快乐。当我看到学生们逐渐喜欢上数学，尤其是思维能力有了较大发展时，我万分欣喜；当我带着学生作为农村学校唯一的一支代表队在全国数学总决赛上获奖时，我万分自豪；当我因低血糖突然晕倒在讲台时，学生们一声声急切的呼喊，让我感到幸福；当我为了转变一些男生放学后去玩电子游戏的不良爱好，天天放学后陪着他们做数学思维训练，直到他们爱上数学时，我感到欣慰。

我在孩子们渴望知识的眼睛里，感受到了自己身上的责任。在农村小学任教的最初几年里，教学环境简陋带来的困难，教学设备、教学理念的落后，让我备感压力。我常常身兼数职，一边维持正常的教学活动，一边推进教育理念的创新。有时候为了上一节交流课，我还要去借工厂的礼堂来上课。但是这些困难没有难倒我，反而让我更加努力，我要为坎山小学创造出更多的成绩。

情系教育事业，放弃更好的机会选择坚守

问：您在教育课题方面做了很多研究，取得了很多成就，能跟我们分享一下吗？

答：在30多年教学过程中，我研究了很多课题，如“构建数学操作教学模式的研究”“引导学生主体参与数学教学活动的研究”“培养学生创新性学习能力的研究”“提高教师教学监控能力的研究”等。有教师专业发展方面的，有学生成长方面的，还有教学方法和教学模式构建方面的。有50多个课题在省、市、区等级评比中获奖。这些课题研究应用在教学中，使教学质量有了较大的提高，学生整体的数学素养有了明显的变化。

2000年，我被评为特级教师。2001年，我到北京参加了国家级骨干教师的培训。回来后，我陆续接到好几个单位领导的邀请，有教科所的，有教研室的，有其他学校的。其中有一所开始是国有民办现在已经是公办的小学，说条件可以随我提。我有过纠结，但是我最后还是选择坚守。因为我自己是农村人，生在农村，长在农

村，我知道农村孩子对优质教育的渴望。而且待在这里太久了，这里的一草一木，一砖一瓦我都熟悉，坎山小学就是我的家。我不后悔当初的选择。

期盼农村小学有更好的发展，全身心奉献教育事业

问：您对农村小学教育未来的发展有什么期待？

答：这么多年来，我见证了坎山小学的几次变迁，见证了学校教学环境发生的翻天覆地的变化，感受到国家对教育的重视和投入，享受着美好时代带给我们的福利。我希望政府能够出台一些政策，激励和保护优秀教师安心地留在农村工作，缩小城乡之间的教学差距。让我们的家长不再这么焦虑，让他们的孩子能够放心地就近读书，让孩子们健康地成长。

如果不当老师，活着就没啥味道了。这么多年，我一直坚持在一线教学岗位，虽然身体不太好，但从未影响过工作。当老师是很辛苦的，但是在我看来，这一切都是值得的，因为这里的孩子需要我，这里的家长信任我。做一名让学生喜欢的老师，这是我无悔的选择。我最大的心愿就是能有效地促进学生的发展，让我的学生成为更好的自己。

戚柏荣

桐庐县实验小学原校长

家校同心，打造优质教育品牌

曾获荣誉：浙江省春蚕奖，浙江省教育科研先进个人，浙江省家庭教育和电化教育先进工作者，杭州市优秀教育工作者，杭州市十佳中小学校长。

桐庐县第十五届人大代表和第十三届党代表。

从水泥匠到改变学生命运的乡村教师

问：您为什么会选择教育行业？这么多年来，您最大的感受是什么？

答：1974年春天，我刚刚高中毕业回到家乡，打算学做泥水工，那时候泥水工的薪资还不错。到了暑假，村里的书记把我叫去，想让我在村里当老师，因为学校太缺老师了。书记这么一说，就给我打开了另一扇未来的大门。当时我上高中是被村里推荐上去的，全村只有一个名额。两年高中毕业以后，我成了村里第一个也是唯一的高中生，那我不去谁去呢？虽然当时的老师收入没有泥水工高，可我若是当了老师，就能改变家乡无数孩子的命运，这怎么能不干？我想都没想，就去了学校。这么一干，就是44年。

我带的是初中班，24个学生，他们年龄相差很大，大的跟我年纪差不多。我教很多课，有语文课、化学课，还当班主任，每天忙得跟陀螺一样。抱着试一试的态度，虽然辛苦，可我越干越有劲。任教的首届学生居然有4个考上了桐庐县重点高中，这让我备受鼓舞。通过读书，孩子们有的考上了中专，有的考上了大学，改变了自己的命运。改变一个孩子就可以改变一个家庭，甚至可以改变乡村的面貌，这能不让人欣喜吗？

前15年我都在农村小学。当时学校的硬件设施很落后，经济条件也比较困难，学生们连理发的钱都要节约，所以头发往往会很长，有的还长了虱子。于是，我就买来理发工具，利用休息时间，给他们义务理发。后来我的很多同事，无论是男同事还是女同事，也都学会了理发。可以这么讲，那个时候当老师不仅仅是在教知识、教做人，其实也在当学生的爹妈。除了理发之外，课余我们还跟孩子们一起打乒乓球、羽毛球，游泳，玩在一起。

我当了5年的代课老师后，感觉到自己的文化知识、专业水平都还不够。1977年恢复高考，1979年我就去参加高考，考上了严州师范学校。1981年毕业以后，我就到石阜中心小学去任教。石阜小学是一个镇的中心小学，无论师资还是设备，都比我们农村小学好，但是教学辅助设施还是很落后，除了几张卡片挂图，其他的什么都没有。在那个条件相对艰苦的情况下，很多事情其实都需要老师亲力亲为。我们就利用废旧的玻璃、明胶片，制作幻灯片，用投影仪放给孩子们看。我们制作的幻灯片不仅获奖，还被浙江幻灯制片厂和上海幻灯制片厂选用生产，全国发行。

每一次的奋力拼搏，都让我深切地体会到做一名教师应有的梦想和坚持。要说最大的感受，我觉得应该就是意犹未尽。

教育要因校制宜

问：在这几十年的教育经历当中，您所推崇的教育方法是什么？

答：1986年，我到凤川中心小学当校长。开始的几年，每到年关，都是我头疼的时候。都快放假了，可民办老师的工资还没发，这怎么办呢？我每次都把自己、总务主任和出纳的工资拿出来先给民办老师，让他们安心回家过年。我觉得再苦也不能苦老师！

到了1997年，情况比之前好多了，至少教育的硬件软件都已经基本具备，这时候我被调到了桐庐县实验小学，在那里一干就是15年。通过几年的努力，我把这所学校打造成省内外的名校。

学校是培养和教育孩子的地方。老师要懂得孩子的心理，孩子喜欢什么，我们就做什么。办学校，离不开地域特色，所以我一直特别重视因地制宜。桐庐是一个美丽的地方，也是一个神奇的地方。自古以来，许多文人墨客到这里吟诗作画，老人到这里采药炼丹。桐庐还是中国故事之乡，我就抓住故事这个载体。因为我想小故事可以有大道理，故事人人爱听，所以就让孩子们学故事、写故事、讲故事。我还亲自参与校本课程的制定、开发、实施。小学低年级听故事，这要求家长配合，放学回家后要讲故事给孩子听，让孩子伴着故事入睡，有个美好的童年回忆；中段年级讲故事；高段年级写故事、编故事、演故事。这样一来，孩子活跃了，语言表达能力增强了，写作水平提高了。通过这种方式，我们培养出很多优秀的学生，有的在省市乃至全国获得了一等奖，有的获特等奖，还有学生到省电视台做节目主持。用故事来教育孩子，也逐渐成为桐庐县实验小学的特色。

在给老师传授教育理念和教学方法时，我也会给他们讲一些教育案例故事。比如《跳蚤变爬蚤》。我们知道，跳蚤是世界跳高冠军，它可以跳到比自己的身高高几十倍、几百倍的高度。但是如果我们把跳蚤关在一个瓶子里，把盖子盖上，盖子不断地往下压。一段时间下来，跳蚤发现自己跳起来会被顶到，它就不跳了。最后即使你把盖子打开，跳蚤也跳不起来了，只能爬了。这个案例告诉我们一个教育道理，在心理学上叫“习得性无望”。教育孩子，不能老是打击他。孩子做什么事情，我们不要全盘否定，要看到他好的地方。有一句话说：一位合格的教师或家长的标志，是善于发现孩子的优点，告诉他在什么地方行（赏识导致成功），并不断地表扬他、鼓励他；一位不合格的教师或家长的标志，是善于发现孩子的缺点，告诉他在什么地方不行（抱怨导致失败），并不断地批评他、指责他。如果这样的话，他总有一天会证明给你看，他是不行的、不合格的。这就叫做习得性无望。

家校合力，打造品牌教育

问：您曾经说过，在学校管理方面要打造品牌教育。在您看来，到底什么样的教育才能称得上品牌教育？在这个过程中，家长扮演着什么角色？

答：关于品牌教育，我想借用台湾作家林清玄的一段话：香水，百分之九十五是水，只有百分之五是配方，是与众不同的，所以才有了不同的香水。学校也是大同小异的，农村的、城市的，小的学校、大的学校，教材、教师都差不多，百分之九十五相同，也只有那百分之五是与众不同的。因为实验小学的性质决定了它要具有实验性、示范性和超前性，应该是一流的，与众不同的，所以它要配制独一无二的教育与教学。

家长是孩子的第一任老师，也是终身不换的老师。家庭是孩子的第一所学校，也是长期的学校。把家长作为学校教育的同路人、同盟军，家长跟学校配合得好，学校教育就会事半功倍，如虎添翼。教师和家长协同教育会起到一加一大于二的效果。因为我看到了家长的重要性和地位，所以我经常把家长请进学校，还推行过家长义工制。我对他们说，学校教育是教育，家庭教育也是教育，而且是个性化的更重要的教育；家庭教育和学校教育保持一致性，这个很重要。如果你这样教，我那样教，孩子就会无所适从。就好比一个人戴两块手表，左手是一点零一分，右手是一点零五分，那到底是零五分还是零一分呢？所以我一直强调家庭教育的重要性。我成立家长委员会，办好家长学校，给家长讲课，把家长统一到我们学校的教育管理和教育思想当中来，让家长明确我们学校的管理、教育要求，然后相互配合。

老师有困难？我就是“老娘舅”

问：在这几十年的教育生涯中，您是如何处理和老师的关系的？

答：我坚信，良好的关系胜过良好的教育，这句话在处理与老师之间的关系时也同样适用。所以我当校长时，只要老师遇到困难，我会第一时间伸出援手，做老师稳定的后盾。不用别人告诉我，我第一时间就会知道，因为我把老师的家庭基本情况掌握了。一旦家里有什么事情，我马上能够提供精准帮助。有一位工作勤奋的老师，因为身体不太好，老婆又下岗了，年迈的父亲还生病住院，经济很困难。我知道了之后，立刻带着学校领导班子及时送去了慰问金。一位年轻老师家里婆媳关系闹僵了，我还当“老娘舅”，帮助她处理好关系，让她安心上课。老师工作忙没时间管孩子，我会及时到场相助。

为教师消除了后顾之忧，教师才能安心努力工作，学校才会因他们的成长从优秀走向卓越。

做一个好教师难，做一个好校长更难。我希望能用我所有的努力为桐庐的教育事业尽绵薄之力。

图书在版编目（CIP）数据

教育追梦人：我的40年 / 杭州市教育局编. — 杭州：浙江大学出版社，2019.8
ISBN 978-7-308-19401-3

Ⅰ.①教… Ⅱ.①杭… Ⅲ.①教育工作者－访问记－杭州－现代 Ⅳ.①K825.46

中国版本图书馆CIP数据核字（2019）第159091号

教育追梦人：我的40年
JIAOYU ZHUIMENG REN：WO DE 40 NIAN

责任编辑 平 静
责任校对 戴 田
封面设计 鹿鸣文化
封面题字 王冬龄
出版发行 浙江大学出版社
（杭州市天目山路148号 邮政编码310007）
（网址：http://www.zjupress.com）
排　　版 杭州兴邦电子印务有限公司
印　　刷 杭州高腾印务有限公司
开　　本 880mm×1230mm 1/32
印　　张 6.25
插　　页 4
字　　数 85千
版 印 次 2019年8月第1版 2019年8月第1次印刷
书　　号 ISBN 978-7-308-19401-3
定　　价 45.00元